¿Es la voz de Dios?

¿Es esa la voz de Dios?

CÓMO RECONOCER CUANDO DIOS TE HABLA

Priscilla Shirer

Nashville, Tennessee

© 2008 Priscilla Shirer
Publicado por B&H Publishing Group
Nashville, Tennessee 37234

Publicado originalmente en inglés con el título *Discerning the Voice of God* © 2007 Priscilla Shirer. Por Moody Publishers, Chicago, Illinois

A menos que se indique otra cosa, las citas bíblicas se tomaron de la Santa Biblia, Versión Reina-Valera Revisión de 1995 ©1995 por Sociedades Bíblicas. Las citas bíblicas marcadas TLA se tomaron de la Biblia para todos © Sociedades Bíblicas Unidas, 2003. Traducción en lenguaje actual © Sociedades Bíblicas Unidas, 2002. Usadas con permiso. Las citas bíblicas marcadas LBLA se tomaron de la Biblia de las Américas, © 1986, 1995, 1997, por The Lockman Foundation. Usadas con permiso. Las citas bíblicas marcadas NBLH se tomaron de la Nueva Biblia Latinoamericana de Hoy © 2005 por The Lockman Foundation. Usadas con permiso. Las citas bíblicas marcadas NVI se tomaron de la Nueva Versión Internacional, © 1999 por la Sociedad Bíblica Internacional. Usadas con permiso.

Los pasajes de las Escrituras en cursiva responden a un énfasis de la autora.

Traducción al español: *Nora Redaelli*
Diseño interior: *Grupo Nivel Uno, Inc.*

ISBN-13: 978-0-8054-6666-9

Impreso en los EE. UU.

1 2 3 4 5 * 12 11 10 09 08

Jerry, te dedico este libro.
Tú me enseñaste a ser paciente para oír la voz de Dios.
Gracias porque me diste tiempo para llegar a oír el silbo apacible de lo
sobrenatural y por ayudarme a aprender a escuchar, discernir y obedecer.

Índice

Prólogo

En medio del trajín y las complicaciones de la vida moderna qué puede ser más importante para nosotros que llegar a discernir la voz de Dios. Priscilla Shirer ha dado en el blanco al inspirarnos a escuchar para poder recibir bendición. La literatura cristiana contemporánea ha ignorado con demasiada frecuencia este tema. Cuando permitimos que otras voces ahoguen la instrucción de Dios, solo dará como resultado confusión y frustración. Encontrarás bendición en el equilibrio que la autora presenta entre la Palabra eterna de Dios y el ministerio presente del Espíritu Santo.

Doy gracias a Dios por este libro y el maravilloso espíritu con que fue escrito. ¡Léelo y recibe bendición!

JIM CYMBALA
Pastor principal, *The Brooklyn Tabernacle*

Agradecimientos

A mis abuelos: A mis cuatro abuelos, paternos y maternos, que aún viven y están más jóvenes cada año que pasa, renovados permanentemente por el Espíritu de Dios. Gracias por enseñarme lo que significa vivir escuchando la voz de Dios y caminando junto a Él. Si llegan a verlo antes que yo, díganle que voy en camino.

A la familia de Moody: Gracias por permitirme trabajar con ustedes. Es una enorme bendición desempeñarse con personas que saben cómo andar en la distintiva, y a veces tan delgada, línea existente entre trabajo y ministerio. Gracias por tener un corazón auténtico para con el Señor y por recordar de qué se trata todo esto en realidad.

A Peg Short: ¡Dios te trajo a mi vida en el momento oportuno! Gracias por ayudarme a ordenar mis pensamientos y borradores hasta lograr un manuscrito cuidadosamente elaborado. Este libro no sería claro para el lector sin tu valioso aporte. Gracias por haber respetado fervorosamente el mensaje que está en mi corazón. Doy gracias por poder contar contigo como compañera de trabajo pero, fundamentalmente, como amiga. ¡Me encantaría volver a trabajar juntas!

A modo de confidencia

Debo confesarte algo.

Soy creyente desde hace muchos años, y durante la mayor parte de ese tiempo no llegué a oír la voz de Dios. Leía en la Biblia sobre personas a las que Él les había hablado, y escuchaba a creyentes de hoy día decir que Dios les hablaba, pero rara vez, acaso nunca, había experimentado esa clase de comunicación con Él. Nunca esperé que el Dios del universo realmente fuera a hablar conmigo sobre detalles personales de mi vida. Oír la voz de Dios era algo que les ocurría a otras personas, no a mí.

¿Te suena conocido?

Conozco muchos creyentes que aman al Señor y viven vidas consagradas, sin embargo parece que aún les falta algo en su vivencia cristiana. No sienten la presencia de Dios, no oyen su voz ni experimentan su poder. Dado que escogiste este libro, imagino que quizá te sucede algo similar.

Quiero que conste que llevo recorrido un largo camino. Al ir madurando en mi fe, llegué a conocer mejor a Dios. Y al crecer en una relación más íntima con Él, logré familiarizarme más con su voz. Con absoluta convicción puedo asegurarte que Dios nos habla. En lo personal, la mejor prueba de esto es que *me habló esta mañana!* Fui aprendiendo que si mis oídos espirituales están atentos, la misma voz que me llamó a su luz admirable me habla día tras día.

La Biblia afirma que Dios es el mismo "ayer y hoy y por los siglos" (Heb. 13:8). Esto significa que el mismo Dios que antaño les habló a los profetas, también hoy habla con sus santos. La naturaleza comunicacional de nuestra relación con el Todopoderoso le da un carácter único a nuestra fe. El Antiguo Testamento enseña que la diferencia entre la fe de Israel y los demás pueblos era que los israelitas oían la voz de Dios (Deut. 4:33). Y el apóstol Pablo nos recuerda que la diferencia entre nuestra relación con el Dios verdadero y la relación de los paganos con sus dioses es que sus ídolos son "mudos" (1 Cor. 12:2).

Nuestra fe no se basa en normas y reglamentos sino en una relación de entrañable compañerismo con nuestro Dios. Una de las afirmaciones más categóricas en la Escritura referida al Dios que habla con sus hijos se encuentra en Juan 10:27: "Mis ovejas oyen mi voz; yo las conozco y ellas me siguen". Decididamente Dios quiere que tengamos una relación personal e interactiva con Él.

Amigo, si el Hijo de Dios murió por ti, ¿no crees que Él moverá cielo y tierra para comunicarse contigo? Cuando Jesús vivió en la tierra se mostró dispuesto a revelarse a toda la gente que estaba a su alrededor, aun cuando sabía que muchos de ellos lo rechazarían. Lo maravilloso de nuestra relación con Dios es que Él *anhela* comunicarse con nosotros y considera que esta comunicación es crucial para establecer el tipo de relación que Él quiere establecer.

Si esto es así, ¿por qué es tan común nuestra falta de convicción de que en la actualidad podemos oír la voz de Dios? La respuesta es sencilla: Si Dios quiere que escuchemos su voz, el "padre de mentira" hará todo cuanto esté a su alcance para convencernos de que *no* podemos oírlo. Cada vez que oímos la voz de Dios decimos que es intuición, coincidencia, o incluso, buena suerte; cualquier cosa excepto lo que es: la voz de Dios. Estamos tan acostumbrados a no prestar atención a su voz que nos hemos convencido de que ya no habla con sus hijos. Sin embargo, la Biblia repite una y otra vez que Dios *ciertamente* nos habla. Y sus mensajes siguen llegando, solo que no sabemos que es Él quien los envía.

Lograr la certeza de que lo que oímos es la voz de Dios puede significar una lucha constante. Muy a menudo nuestras tradiciones, nuestros deseos, la culpa y hasta nuestro propio yo suelen ahogar su voz. Entonces, ¿cómo distinguir su voz de la voz del "enemigo" e incluso de nuestra propia voz? ¿Cómo podremos reconocer que es Dios quien está hablando?

Precisamente sobre eso trata *¿Es esa la voz de Dios?* Mi propósito es ayudar al lector en su recorrido, así como otros me ayudaron a mí al contarme lo que Dios les había enseñado. Quiero decirles que es posible oír la voz de Dios con toda claridad, y me gustaría ayudarlos a poder reconocer su voz de modo que sepan con certeza cuándo es Él quien les habla.

Creo necesario aclarar que este libro no ofrece una fórmula infalible para reconocer la voz de Dios. Todos los creyentes maduros y consagrados con los que he hablado dicen que no siempre logran discernir correctamente la voz de Dios. Ninguno de nosotros lo logrará a la perfección mientras vivamos en la tierra revestidos de este cuerpo mortal. No obstante es una destreza que podemos, y debemos, cultivar.

Este libro puede ayudarte en este proceso mostrándote cómo captar el sonido de la voz de Dios y cómo reconocerla a partir de su Espíritu, su Palabra y de la naturaleza misma de Dios. La manera en que Dios habla puede variar y los santos pueden oírlo por diferentes vías, pero las características de su voz no cambian. Su voz se distingue claramente del resto y cuanto más te familiarices con el sonido de su voz tanto más fácil te resultará reconocer cuándo Él te habla.

A lo largo de *¿Es esa la voz de Dios?* oirás a Dios hablar a través de su Palabra escrita: la Biblia. También aprenderás cómo Dios habló a los santos con el correr de los siglos y cómo ellos aprendieron a reconocer su voz. Algunas cosas llegarán a través de los libros que ellos escribieron, otras fueron escritas especialmente para este libro. Me interesaba averiguar de qué manera los siervos fieles reconocen cuando Dios les habla, de modo que les escribí a numerosos hermanos y hermanas en Cristo pidiéndoles que respondieran esa pregunta. Al final de cada capítulo, incluí las respuestas de los diferentes santos.

Me gustaría hacerte esa misma pregunta: ¿Cómo puedes estar seguro de que Dios te habla? Si eres cristiano pero no puedes responder esta pregunta, este libro te ayudará a reconocer la voz de Dios. Mi oración es que su lectura te desafíe, te estimule y te dé herramientas para llegar a discernir la extraordinaria voz de nuestro maravilloso Creador.

PRISCILLA SHIRER

PRIMERA PARTE

Cómo escuchar la voz de Dios

"Clama a mí, y yo te responderé y te revelaré cosas grandes e inaccesibles, que tú no conoces."

Jeremías 33:3 (LBLA)

Estaban con Jesús en la ladera de un monte. Quizá pensaron que sería un encuentro como tantos otros que habían tenido con el Salvador. Sin embargo, Pedro, Jacobo y Juan estaban a punto de presenciar algo extraordinario. Ante sus ojos asombrados, la ropa de Jesús comenzó a brillar y su rostro resplandeció como el sol. De pronto aparecieron dos figuras: Moisés y Elías. En ese momento sublime, desde el cielo se oyó la voz de Dios el Padre que decía: "Este es mi Hijo amado, en quien tengo complacencia; a él oíd" (Mat. 17:5).

De todas las cosas que Dios Padre pudo haber dicho, escogió el verbo "oír". No dijo "pregunten" ni "averigüen", ni siquiera "sírvanlo", sino "a él oíd".

Este mandamiento sigue vigente hasta nuestros días. Somos llamados a escucharlo porque Él quiere hablarnos y tiene cosas concretas e importantes para decirnos.

Dios puede hablar y, sin duda lo hará, pero ¿crees realmente que te hablará a ti? ¿Y crees que tú podrás oír la Palabra divina? Dios quiere que conozcas su voluntad y dirección para tu vida. Escucha y Él hablará. Espera, está atento a su voz y lo oirás.

La voz de los santos

"Los que no creen que Dios habla de manera concreta sencillamente pasarán por alto o intentarán explicar racionalmente las instancias en las que Dios se comunica con ellos. Sin embargo, aquellos que viven cada día con plena conciencia de que Dios verdaderamente habla, están en condiciones ideales de recibir su palabra."

A. W. TOZER

Espera oír la voz del Señor

Pon tu esperanza en el Señor;

ten valor, cobra ánimo;

¡pon tu esperanza en el Señor!

Salmo 27:14 (NVI)

Sentada en el estudio de la filial de la CBS en Dallas, aguardaba el comienzo de la transmisión en vivo. Recién había salido de la facultad y estaba nerviosa y ansiosa frente a las exigencias de mi nuevo empleo. Nunca había presentado un programa en vivo, y temía que al faltarme la red de seguridad que brindan las grabaciones no lograría llegar al final del programa sin inconvenientes. ¿Qué pasaría si perdía el hilo de mis ideas o no recordaba cómo seguir?

Al darse cuenta de mi estado de ánimo, la productora dejó la cabina de sonido, se acercó y me colocó un pequeño dispositivo que calzaba perfectamente alrededor de mi oreja. Me explicó que este pequeño recurso tecnológico, conocido como "la oreja" (o cucaracha) entre la gente del medio, me permitiría estar en comunicación con ella durante todo el programa. Cuando fuera necesario, ella podría guiarme o darme instrucciones. Aunque yo desconocía muchos aspectos de las transmisiones en vivo, confiaba en que la productora era una profesional y sabía exactamente qué información darme en cada tramo del programa.

Al convertirnos al cristianismo fuimos equipados con una "oreja". Cuando recibimos el Espíritu Santo quedamos permanentemente conectados con Aquel que puede darnos pautas claras y firmes para nuestra vida. Si verdaderamente tratamos de oír su voz y confiamos en que nos dará instrucciones precisas, Él calmará nuestra ansiedad.

Sin embargo, al repasar mi propia experiencia y hablar con cristianos provenientes de los más diversos ámbitos, descubrí que muchos de nosotros no creemos seriamente que Dios nos hablará sobre detalles personales de nuestra vida. Decimos que creemos, pero íntimamente nos sentimos desanimados porque no llegamos a discernir la voz de Dios. No dudamos de que Dios *hable*, pero sí dudamos de que nos hable *a nosotros*.

Hace dos años necesité sanidad en algo muy específico. Mientras me esforzaba por encontrar la solución, el Espíritu Santo me hizo ver que estaba buscando ayuda de todos excepto del Señor. Ni siquiera le había pedido que me hablara sobre el tema. Había consultado médicos en busca de consejo y tratamiento y había buscado información en libros y sitios de Internet, pero no había presentado mi petición delante de Dios. Al sondear mi corazón para descubrir por qué no había orado sobre ese tema, inmediatamente descubrí dos razones.

En primer lugar, no confiaba verdaderamente que el Señor pudiera hablarme. No creía que Él pudiera ingresar en mi mundo para decirme algo práctico, personal, algo que cambiara mi vida. Segundo, no esperaba que el Señor me sanara. Apoyándose en el conocimiento de los milagros descritos en el Nuevo Testamento, mi *intelecto* sabía que Dios tiene poder para sanar. Incluso había oído y había visto cómo había sanado a creyentes en la actualidad, pero en lo más profundo de mi corazón, no creía cabalmente que Él pudiera curarme *a mí*.

Felizmente, el estudio bíblico me guió hasta el libro de Habacuc. Dios usó ese libro tan breve para enseñarme una lección importante: la voz de Dios es una voz sensible a nuestras necesidades, y el discernimiento comienza cuando escuchamos en actitud expectante, esperando confiadamente oír su voz.

LA VOZ DE LOS SANTOS: *"Si nos acercamos a Él dudando de que pueda hablarnos, difícilmente lleguemos a oírlo. Debemos acercarnos expectantes".*

CHARLES STANLEY

Acércate con actitud expectante

Habacuc era un hombre desesperado; estaba desesperado por escuchar la voz de Dios. La conducta pecaminosa de la gente de Judá lo escandalizaba, y no entendía por qué Dios no hacía algo al respecto. Tantas veces había orado, pero Dios no parecía escucharlo. Y si lo hacía, no le respondía. De modo que Habacuc clamó a Dios: "¿Hasta cuándo, oh Señor, pediré ayuda, y no escucharás, clamaré a ti: ¡Violencia! y no salvarás? ¿Por qué me haces ver la iniquidad, y me haces mirar la opresión?" (Hab. 1:2-3, LBLA).

A pesar de su desánimo, el profeta esperaba que Dios le respondiera y tenía dos preguntas fundamentales: "¿Hasta cuándo?" y "¿Por qué?" Dos preguntas que seguramente nos resultan familiares. Cuando nos sentimos cercados por las situaciones que nos toca vivir y no vemos la salida, queremos saber hasta cuándo tendremos que seguir invocando a Dios y por qué no hace algo con respecto a nuestra situación.

No sabemos con exactitud cuánto tiempo llevaba Habacuc clamando a Dios, pero seguramente había esperado bastante, porque lo vemos dirigirse a Dios con tono recriminatorio. Finalmente, Dios le respondió con estas palabras: "¡Miren entre las naciones! ¡Observen! ¡Asómbrense, quédense atónitos! Porque haré una obra en sus días que ustedes no la creerían si alguien se las contara" (v. 5, NBLH).

En lugar de responder directamente a la queja de Habacuc, Dios lo animó a mirar a su alrededor y ver qué estaba ocurriendo. Básicamente Dios le dijo: "*Estoy* hablando y *estoy* haciendo cosas. Has estado mirando por medio de la lente equivocada y, por lo tanto, no ves lo que hago ni me oyes".

A través de su respuesta, Dios se propuso restablecer la confianza de Habacuc. Dios quería que Habacuc reconociera sus obras porque eso le permitiría seguir confiando en que Dios vendría en su ayuda, a pesar de lo que le tocaba atravesar. El profeta seguía esperando una respuesta de Dios cuando, en realidad, Dios ¡ya estaba respondiendo! Habacuc solo necesitaba una visión espiritual para advertir lo que sucedía a su alrededor. Dios siempre habla y está en permanente actividad, incluso cuando parece callado.

Estudié este pasaje en mi tiempo de transición hacia la maternidad (uno de los desafíos más difíciles que me ha tocado enfrentar hasta ahora). Como la mayoría de las madres, llegué a derramar muchas lágrimas y en muchas ocasiones caí de rodillas delante del Señor. En esos momentos, la respuesta de Dios a Habacuc me alentó.

Cuando acepté el mandato de Dios de mirar y observar, comencé a ver la mano de Dios donde antes no la había visto. Desde la perspectiva de la visión espiritual, ahora puedo ver que a través de mis hijos Dios produce en mí el fruto del Espíritu, algo que fervientemente había pedido en mis oraciones. Ahora puedo ver cómo el Señor los usa para templarme y convertirme plenamente en la mujer que Él espera que sea. Cuando pude ver lo que Dios estaba haciendo, recuperé mi confianza en que Él habla y actúa en mi vida.

Si le has pedido ayuda a Dios pero te parece que no responde, pídele en oración que te ayude a ver las cosas que ya está haciendo en tu vida y que tú estás pasando por alto. Eso te animará mientras esperas oír lo que tenga para decirte.

Para discernir la voz de Dios y verlo actuar, debemos acercarnos a Él expectantes y confiados. Dios no es omiso ni insensible ante nuestros pedidos; Él responderá.

> LA VOZ DE LOS SANTOS: *"Anímate a ser sincero, y espera recibir su conocimiento. Tómate un tiempo para permanecer en silencio en su presencia. Hazte el propósito de buscar a Dios hasta encontrarlo".*
>
> BRUCE WILKINSON

Acércate tal como eres

Al hablar con Habacuc, Dios le explicó lo que se proponía hacer: estaba preparando a los babilonios para que castigaran a Judá por su pecado.

¿Por qué crees que Dios tardó tanto en tener esta conversación con Habacuc? Tal vez la respuesta se encuentra al final del v. 5 (NBLH): "no la creerían si alguien se las contara". Dios sabía que a Habacuc le resultaría *difícil creer* su mensaje.

Por supuesto, Habacuc no podía creer lo que Dios había planificado. Quizá no había entendido bien, o ¡quizá Dios no había dicho nada! ¿Cómo aceptar que el Dios que él conocía pensaba valerse de la más malvada de las naciones de la tierra para castigar a su pueblo?

El diálogo de Habacuc con Dios siguió con un cuestionamiento del profeta a la sabiduría del plan divino: "Muy limpio eres de ojos para ver el mal, ni puedes ver el agravio; –dijo Habacuc– ¿por qué, pues, ves a los criminales y callas cuando destruye el impío al que es más justo que él?" (v. 13).

Antes de caerle con dureza a Habacuc por cuestionar el plan de Dios, recordemos que otro tanto hizo Job. Y también lo hizo Jeremías (Jer. 32:25), y Jonás (Jon. 4:2). Y también yo, y probablemente tú.

LA VOZ DE DIOS: *"Porque mis pensamientos no son vuestros pensamientos ni vuestros caminos mis caminos, dice Jehová".*

ISAÍAS 55:8

Algunas personas piensan que los creyentes jamás deberían cuestionar a Dios. Sin embargo, no cabe duda de que lo hacemos, según el testimonio de la Escritura y nuestra propia experiencia. No obstante, eso no es obstáculo para que Dios nos hable. Él siempre responde en el momento que considera oportuno. Aun cuando reconocemos la grandeza de Dios, no siempre podemos entender sus caminos. Además, Él desea darse a conocer al corazón que lo busca.

A veces, Dios no responde inmediatamente por la misma razón que no lo hizo con Habacuc: sabe que nos resultará difícil aceptar su mensaje porque no coincidirá con nuestras expectativas. No querremos creer lo que dice, y nos apoyaremos en lo que conocemos de su carácter para convencernos de que no dice lo que está diciendo.

Nuestro Dios es Dios de gracia, y cuando queremos hablarle, Él nos invita a acercarnos tal como somos, con nuestros cuestionamientos, quejas y confusión. Cuando nos acercamos alabándolo por todo lo que sabemos de Él, Dios aprovecha nuestras preguntas para avanzar en su revelación y ampliar nuestra comprensión. Puesto que se trata de una relación recíproca, también nosotros debemos permitirle manifestarse tal como es: mucho más sabio de lo que llegamos a comprender.

LA VOZ DE LOS SANTOS: *"Si deseas oír la voz de Dios con claridad, pero tienes dudas, permanece en su presencia hasta que Él transforme esas dudas. Suelen suceder muchas cosas durante ese tiempo de espera en el Señor. A veces, Él cambia nuestro orgullo en humildad, o la duda en fe y paz; a veces cambia la codicia en pureza. El Señor puede hacerlo y ciertamente lo hará".*

CORRIE TEN BOOM

Acércate decidido a esperar

Una vez restablecida la confianza de Habacuc, sus preguntas persistían pero ahora él estaba preparado para esperar las respuestas. Cuando terminó de hablar, tenía la incómoda sensación de que Dios lo reprendería por haberlo cuestionado, pero estaba decidido a escuchar lo que tenía para decirle: "Estaré en mi puesto de guardia, y sobre la fortaleza me pondré; velaré para ver lo que El me dice, y qué he de responder cuando sea reprendido" (Hab. 2:1, NBLH).

Las palabras "puesto de guardia" y "fortaleza" son términos militares en el hebreo original. La imagen que usa Habacuc me recuerda la guardia real del palacio de Buckingham, en Inglaterra. Los soldados de la guardia permanecen inmóviles sin importar lo que ocurra. Se sabe que los turistas (como yo) hacen muecas y todo tipo de cosas para distraerlos, pero ellos ni pestañean; no mueven un solo músculo. Tienen clara la tarea que les fue asignada y no se permiten ninguna distracción.

Habacuc tenía una actitud militante, una posición firme y una determinación tenaz. Estaba expectante. Confiaba que Dios le respondería y estaba decidido a esperar esa respuesta.

> LA VOZ DE DIOS: *"Por la mañana, Señor, escuchas mi clamor;*
> *por la mañana te presento mis ruegos, y quedo a la espera de tu*
> *respuesta".*
>
> SALMO 5:3 (NVI)

Siempre estamos dispuestos a esperar aquellas cosas que consideramos importantes. Permanecemos al lado del teléfono cuando aguardamos un llamado por un empleo o un informe médico. Esperamos en la fila para hacer las compras o para subir a la montaña rusa. Estamos dispuestos a esperar que pasen todos esos días y semanas cargados de emoción previos a nuestra boda, y luego los nueve meses hasta la llegada del bebé. El valor que le atribuimos a algo es directamente proporcional a la cantidad de tiempo que estamos dispuestos a esperar su llegada o cumplimiento.

Para Habacuc escuchar la voz de Dios era prioritario en su vida, de modo que estaba dispuesto a ser paciente. Porque sinceramente esperaba que Dios le hablara, pudo esperar confiadamente hasta recibir su Palabra. Si recibir el mensaje de Dios tiene para nosotros tanto valor como lo tuvo para Habacuc, y si estamos tan seguros como él de que oiremos su voz, tomaremos la decisión de esperar pacientemente hasta que Dios nos hable. Existe una estrecha relación entre nuestra expectativa por oír su voz y nuestra disposición a esperar.

Personalmente debo confesar que me resulta difícil esperar a que Dios me hable, pero he comenzado a comprender que a menudo el tiempo de espera es tan importante como el mensaje mismo. Durante la espera, mi fe crece. La espera me prepara para recibir el mensaje que Dios transmitirá y para responder en obediencia. En algunos casos, la relación de intimidad que cultivo con Dios mientras espero constituye *en sí misma* un mensaje.

Mi amiga y consejera Anne Graham Lotz me dijo en cierta ocasión: "Nunca tomo una decisión importante, particularmente si se trata de una decisión que afectará a otra persona, antes de recibir orientación de parte de Dios". Decía que para cada decisión importante que había tomado podía señalar un versículo bíblico que Dios había usado para guiarla en forma personal. Anne está tan segura de que Dios le responderá que está resuelta a esperar la dirección de Dios antes de tomar una decisión definitiva. ¡Qué sabio consejo de una mujer consagrada!

> LA VOZ DE LOS SANTOS: *"La conversación con el Padre está animada por las necesidades del día. Tu oración debe ser sobre algo concreto, tal vez surgido de la Palabra que leíste o de una necesidad real de tu alma que deseas satisfacer. Tu oración debe ser tan concreta que al salir del lugar donde oraste puedas decir: 'Sé bien lo que le pedí a mi Padre, y ahora espero la respuesta'".*
>
> ANDREW MURRAY

Ojalá hubiera estado dispuesta a esperar que el Señor me hablara, antes de tomar una decisión apresurada, pero no logré contener mi ansiedad. Mi amiga Rachel vino a mostrarme un estudio bíblico que estaba preparando con el propósito de ayudar a las mujeres a hacer de su hogar un santuario. El Señor le dio el don de la decoración de interiores junto con un gran entusiasmo por transmitir a otros la belleza del hogar. Rachel me mostró la portada que había diseñado para un estudio bíblico de doce semanas de duración que incluía vídeos, un diario personal y un folleto de obsequio. Me entusiasmé al ver todo el material que había preparado, y cuando me ofreció ser coautora del proyecto, me abalancé sobre la propuesta. Ni siquiera le pregunté a Dios qué opinaba. Sin pensarlo dos veces, acepté y le dije a Rachel que contara conmigo.

Sin embargo, después de haber escrito los primeros capítulos y enviarlos al editor, el Señor comenzó a darme claras muestras, a través de mi estudio bíblico personal, de que había cometido un error. Él tenía otro proyecto al que quería que me dedicara. Él quería que transmitiera a las mujeres un mensaje sobre cómo oír su voz, pero mi temperamento impulsivo había puesto su voluntad en segundo plano.

Me sentí avergonzada cuando tuve que llamar a Rachel, después de un par de meses de intenso trabajo, para decirle que no podría colaborar con ella en la preparación del estudio bíblico. Me hubiera evitado ese disgusto si hubiera buscado la guía de Dios y esperado su respuesta antes de comprometerme con el proyecto.

Tal vez te ocurrió algo similar… Tal vez te comprometiste a hacer algo de manera impulsiva, sin preguntarle a Dios qué opinaba ni esperar su respuesta. Conozco muchas mujeres que se casan, se mudan a otro estado, cambian de carrera o toman importantes decisiones financieras antes de escuchar a Dios, solo para descubrir poco tiempo después que les hubiera ido mucho mejor si hubieran tenido paciencia de esperar hasta que Dios les hablara.

Si te resulta difícil escuchar a Dios, pregúntate a ti mismo: "¿Creo *sinceramente* que Él me hablará de las cuestiones personales que afectan mi vida?"

Acércate con fe

Cuando Habacuc cuestionó la sabiduría del plan de Dios, pensó que Dios le respondería y que, además, lo reprendería. Sin embargo, Dios continuó dialogando con el profeta para ayudarlo a recuperar la confianza. Aunque en esta ocasión usaría a los malvados babilonios para castigar a Judá, algún día también juzgaría a los babilonios por sus pecados. Habacuc no debía preocuparse; Dios se encargaría de que se hiciera justicia. El tiempo de Babilonia estaba por cumplirse.

LA VOZ DE DIOS: *"A ellos de nada les sirvió haber oído la palabra, por no ir acompañada de fe en los que la oyeron".*

HEBREOS 4:2

Si Habacuc se acercaba a Dios con dudas o recriminaciones, Dios debía fortalecer la fe del profeta mostrándole que efectivamente estaba obrando y convenciéndolo de que su obra era buena. Podría decirse que Dios quería hacer de él un creyente, y lo logró.

Dios le dijo a Habacuc que su papel en el plan divino era que "corra a contarl[o] a los demás" (2:2, BAD) o "corra a obedecer" (RVR95) y "vivirá por su fe" (2:4, NVI). La fe es el catalizador que nos permite experimentar a Dios en la vida cotidiana. Los creyentes que se acercan a Dios esperando oír su voz no dudarán en obedecerlo cuando Él les hable. Esto se debe a que saben que los resultados serán tan sorprendentes que *serán difíciles de creer*.

Las palabras de Dios ampliaron la perspectiva de Habacuc y fortalecieron su fe. Ya no acusaba a Dios ni lo cuestionaba. Cuando Dios terminó de hablar, Habacuc podía enfrentar el futuro con la certeza de que Dios seguiría no solo hablándole sino obrando a su favor. Dios era sabio, bueno y justo, y Habacuc podía confiar plenamente en Él. La oración final de Habacuc desborda confianza, fe y gozo:

> "Aunque la higuera no florezca ni en las vides haya frutos, aunque falte el producto del olivo y los labrados no den mantenimiento, aunque las ovejas sean quitadas de la majada y no haya vacas en los corrales, con todo, yo me alegraré en Jehová, me gozaré en el Dios de mi salvación" (Hab. 3:17-18).

> LA VOZ DE DIOS: *"Confía en el Señor de todo corazón, y no en*
> *tu propia inteligencia.*
> *Reconócelo en todos tus caminos, y él allanará tus sendas".*
>
> PROVERBIOS 3:5-6 (NVI)

A lo largo de la Escritura, Dios describe su trato con nosotros como una relación en la que Él nos habla como a hijos amados y obra a nuestro favor. Los personajes de la Biblia no clamaban a Dios y luego se alejaban desanimados presuponiendo que no les respondería. Por el contrario, esperaban su respuesta con avidez y expectativa.

Este modelo bíblico muestra no solo que Dios responde sino también que nosotros debemos esperar con gran interés su respuesta. Podemos acercarnos a Él con enorme expectativa porque servimos a un Dios grande que jamás defraudará a quienes pacientemente esperan oír su voz.

¿CÓMO SABES QUE ES LA VOZ DE DIOS?

"Reconozco cuando el Señor me habla porque literalmente siento que cambia el aire a mi alrededor. Experimento una paz que aquieta el torbellino de mis emociones y preguntas, y me invita a permanecer callada, a escuchar y a reflexionar sobre lo que oigo. Y luego es como si la respuesta, la revelación, la instrucción surgiera del centro mismo de mi ser, y estuviera grabada en un lugar de mi interior imposible de describir. Solo sé que debo hacer lo que escuché que debía hacer. Si me resisto, siento que no puedo respirar, pero cuando digo 'sí' y obedezco, me siento increíblemente llena de conocimiento y de paz, y el tema queda zanjado de una vez y para siempre."

MICHELLE MCKINNEY HAMMOND

Escúchalo a Él

"Acércate más para oír … No te des prisa a abrir tu boca,

ni tu corazón se apresure a proferir palabra delante de Dios,

porque Dios está en el cielo, y tú sobre la tierra. Sean, por

tanto, pocas tus palabras."

ECLESIASTÉS 5:1-2

Su nombre es Elmo. No sé qué tiene ese pequeño *muppet* rojo y peludo que atrae tanto a mis hijos. Tal vez si me tiñera el cabello de color rojo y lograra un pelaje como el suyo, conseguiría que mis hijos me prestaran tanta atención como a él.

Cuando viajamos en automóvil y Jerry y yo queremos mantener a los niños entretenidos para poder conversar, ponemos un episodio de Elmo en el reproductor de DVD. Mis dos hijos permanecen sentados con los ojos fijos en la pantalla, atentos a cada palabra. No quieren perder nada de lo que dice su héroe. Ocasionalmente nuestra conversación se hace más audible, y cuando esto ocurre, los niños reclaman: "Papá, sube el volumen. ¡No podemos oír lo que dicen!"

Invariablemente Jerry responde: "¿Tienen los oídos bien abiertos? ¿Por qué no tratan de abrir bien los oídos?" Jackson y Jerry (h.)

inmediatamente toman sus orejas y tratan de estirarlas. Siempre me doy vuelta hacia atrás para ver cómo tratan de estirarse las orejas para oír mejor.

Una vez hecho este ajuste, el padre les pregunta: "¿Ahora escuchan mejor?" Los niños asienten con la cabeza y siguen mirando a Elmo. No hubo ningún cambio en el volumen, pero de un momento a otro, ambos pueden oír con toda claridad. La razón es muy simple: nuevamente centraron la atención en lo que querían oír.

¿Alguna vez te inclinaste hacia delante en la silla y dijiste: "Señor, por favor, sube el volumen porque no te oigo"? El Padre escucha nuestra súplica y responde con palabras desde la eternidad: *"Inclinad vuestro oído y venid a mí; escuchad…"* (Isa. 55:3).

La voz de Dios es selectiva. La mayoría de las veces Dios decide hablar con quienes sabe que lo escucharán. Esto es lo que Dios quiere decirte hoy: te pide que pongas toda tu atención en escuchar su voz. En este preciso momento, abre bien tus oídos espirituales. Aprende a tomarte un tiempo para escuchar a Dios y a disciplinarte para discernir su voz a través de la oración, la meditación y la adoración. Esto aumentará tu capacidad de escuchar lo que Él tenga para decirte. Dios siempre habla fuerte y claro para los que tienen los oídos abiertos.

LA VOZ DE DIOS: *"Escuche esto el sabio, y aumente su saber; reciba dirección el entendido".*

PROVERBIOS 1:5 (NVI)

Dedica tiempo a escuchar

Soy bastante audaz. Cuando veo hombres y mujeres cuya relación con Dios me resulta admirable, no dudo en acercarme y preguntarles a qué atribuyen la riqueza de esa relación. Sin excepción, todos responden que deliberadamente buscan un tiempo para permanecer en silencio y escuchar la voz de Dios. Todos pasan tiempo a solas con el Señor en un lugar secreto y aguardan callados hasta que Él les habla. Al reflexionar sobre la vida de oración de estos creyentes, me pregunté por qué a menudo mis oraciones parecían tan débiles. Me di cuenta de que les faltaba un componente: escuchar.

Hace poco le propuse a mi amiga Jada compartir un almuerzo rápido porque quería pedirle un consejo sobre cierto problema. Las dos estábamos muy ocupadas pero logramos apartar una hora para encontrarnos. Tan pronto llegamos, comencé a explicarle el motivo de mi preocupación. Hablé sin parar de principio a fin, explicándole en detalle toda la situación. Mi amiga, tan amable como siempre, asentía con la cabeza y escuchaba con atención. Cuando terminamos el último bocado, tomé un respiro y esperé su respuesta. Pero Jada miró su reloj y tomó su cartera, señal de que debía marcharse. "Espera —le dije—, ¿qué me aconsejas? Aún no me has dicho nada." Sonrió con afecto y me respondió: "Priscilla, tenía muchas cosas que decirte, pero nunca hiciste una pausa para escucharme".

Más tarde, mientras conducía de regreso a casa y pensaba en la respuesta de mi amiga, el mensaje del Espíritu Santo llegó rotundo y convincente: ¿Cuántas veces me había dirigido a Dios de la misma manera? Al meditar sobre mi vida de oración, vi claramente la razón por la cual a menudo acabo sintiéndome vacía. Igual que Jada, Dios me recuerda que tiene muchas cosas para decirme pero yo no me detengo a escucharlo.

Para discernir la voz de Dios, debemos conscientemente mirar hacia nuestro interior para ver cómo obra el Espíritu en nuestra conciencia y qué hace para que la Palabra resuene en nuestro corazón. Este es el significado de escuchar de verdad.

> LA VOZ DE DIOS: *"Toma en tu corazón todas mis palabras que yo te diré, y pon mucha atención".*
>
> EZEQUIEL 3:10

Según Ecl. 5:2, deben ser pocas nuestras palabras. Esto parece implicar que debemos escuchar más de lo que hablamos. Quizá por eso Dios nos dio dos oídos y una sola boca. No significa que no debemos elevar nuestras necesidades, pedidos y deseos delante de Dios, por el contrario, Él espera que lo hagamos. No obstante, sí significa que no debemos permitir que lo que *nosotros* queremos decir nos impida oír lo que *Él* quiere decirnos.

> LA VOZ DE LOS SANTOS: *"Tengan presente que debemos escuchar a Jesús cuando habla si esperamos que Él nos escuche a nosotros. Si no tenemos oídos para Cristo, Él no tendrá oídos para nosotros".*
>
> CHARLES H. SPURGEON

Tengo la impresión de que ya no cultivamos el arte de escuchar a Dios. Quizá no estamos del todo convencidos de que responderá cuestiones simples y cotidianas. Como contrapartida, tratamos de atraer su atención participando en mayor número de actividades. Hasta llegamos a pensar que no estará complacido con nosotros si no estamos ocupados haciendo algo para Él. Pero si estamos tan ocupados, aunque sea en actividades religiosas, que no tenemos tiempo de escuchar al Señor, no lograremos liberar el poder que sustenta nuestro andar como cristianos. Dios quiere que primero busquemos su dirección. Y eso significa hacernos un tiempo para permanecer en silencio. Le concedemos un triunfo al enemigo cada vez que permitimos que algo interrumpa nuestro tiempo a solas con Dios.

Doy comienzo a un tiempo de quietud y silencio ante el Señor, pero al instante suena el teléfono, y respondo. Satanás festeja.

Espero hasta el final del día para escuchar la voz de Dios, pero entonces estoy demasiado cansada para abrir mis oídos espirituales. Satanás aplaude.

En la quietud de la mañana, me acodo en una ventana celestial para tener un momento de comunión con el Señor, pero al instante decido que primero debo leer los mensajes del correo electrónico. Satanás se divierte.

Satanás disfruta con cada nueva oferta de televisión satelital, cada nueva suscripción a una revista, grupo en Internet o modelo de teléfono celular. Cada "nuevo avance" nos hunde más en un abismo de hiperactividad que hace que la voz de Dios se escuche como un eco distante. La hiperactividad transforma nuestras oraciones en una serie de pedidos mecánicos y palabrería sin sentido.

LA VOZ DE LOS SANTOS: *"Oh, Dios, concédeme hoy la gracia de reconocer la palpitación de tu Espíritu dentro de mi alma y de escuchar muy atentamente todo cuanto tienes para decirme. Nunca permitas que los ruidos del mundo lleguen a confundirme impidiéndome oír tu voz cuando hablas".*

JOHN BAILLIE

Hacernos el propósito de apartar un momento del día para escuchar a Dios también nos conecta con el susurro del Espíritu. Al escucharlo vemos con claridad sus caminos, y crece nuestro entendimiento. Cuando apartamos un tiempo para comunicarnos con Él, escucharemos que la Palabra de vida nos ministra personal e individualmente. Una cosa es segura: si escuchas, oirás la voz que habla desde la eternidad.

LA VOZ DE DIOS: *"Prestad atención a lo que oís, porque con la medida con que medís, os será medido, y aun se os añadirá a vosotros los que oís, porque al que tiene, se le dará; pero al que no tiene, aun lo que tiene se le quitará".*

Marcos 4:24-25

Aprende a disciplinarte para saber escuchar

Una tarde, después de participar como oradora en un encuentro, estaba deseando llegar a mi habitación en el hotel para descansar, pero fui interceptada en el hall por una de las participantes. Comenzó a relatarme una larga historia que explicaba su presencia en aquel encuentro. Era una mujer muy cálida, pero muy conversadora, y yo estaba cansada después de un día de intensa actividad. Traté de prestar atención pero mi mente se rehusaba a seguir trabajando. Oía lo que decía, pero no la escuchaba en realidad. No me malinterpretes: podría haber repetido palabra por palabra lo que esta mujer decía, pero en verdad no estaba asimilando nada de lo que ella describía. Me avergüenza reconocer que si bien mi cuerpo estaba allí, mi mente estaba en la habitación cómodamente arropada en la cama.

Dios es más selectivo que esta querida hermana a la hora de hablar con alguien. Quiere hablar con aquellos que escuchan *con atención*. Lamentablemente, con demasiada frecuencia escuchamos con *actitud pasiva*. Escuchar en forma pasiva significa oír con el oído físico pero sin esforzarnos por digerir ni actuar de acuerdo con la verdad que escuchamos. Esta manera de escuchar no nos permitirá discernir la voz de Dios. Esto se debe a que Él no se siente inclinado a hablar con alguien cuyos intereses estén lejos de allí aunque su cuerpo esté presente.

Dios desea hablar con una audiencia atenta que se haya propuesto estudiar la Palabra de Dios y quiera escuchar atentamente lo que Él tiene para decirles. En Sant. 1:25 leemos: "Pero quien se fija atentamente en la ley perfecta que da libertad, y persevera en ella, no olvidando lo que ha oído sino haciéndolo, recibirá bendición al practicarla" (NVI).

Jesús nos recuerda esto mismo quince veces en el Nuevo Testamento con estas palabras: "El que tenga oídos para oír, que oiga". El significado del término griego para *oír* no se limita al sentido de la audición sino que implica la capacidad de comprender el mensaje que recibimos.

A través de los años, muchas veces escuché a los creyentes animarse unos a otros a "escuchar" la voz de Dios. Sin embargo, por alguna razón nunca se me ocurrió que se tratara de una disciplina práctica que debía ejercitar durante el tiempo que pasaba a solas con Él. Sentía que Dios esperaba más de mi vida de oración, y otro tanto me ocurría a mí. Sin embargo, no fue sino hasta que comencé a considerar seriamente el arte de escuchar y hacer que la oración fuera más sobre Dios y menos sobre mí que mi vida de oración cambió y comencé a escuchar su voz.

> LA VOZ DE LOS SANTOS: *"Al comienzo, somos 'yo y Él'. Llego a la oración consciente de mí mismo, de mis necesidades y mis deseos. Vuelco todo esto delante de Él. En mi segunda oración, somos 'Él y yo'. Poco a poco, soy más consciente de su presencia que de mi persona. En el final, es solo 'Él'. La presencia de Dios me subyuga, me cautiva, me cobija, obra en mí".*
>
> STEPHEN VERNEY

Escuchar con atención es una actividad que persigue un fin, y requiere esfuerzo. Si quieres ser un oyente activo, debes poner en juego todo tu ser: espíritu, alma y cuerpo. Para que tu espíritu se abra a la presencia de Dios y sea receptivo debes controlar la necesidad de movimiento de tu cuerpo y el impulso de tu mente a divagar.

Si eres el tipo de persona que disfruta la actividad física tanto como yo, no te resultará nada fácil. Puedo asegurar con absoluta sinceridad que al principio me resultó muy difícil pasar un tiempo en silencio tratando de escucharlo solo a Él. Por supuesto, fue difícil ¡hasta que comencé a oír su voz! Escuchar la voz del Todopoderoso hablándome íntimamente cambió mi vivencia de fe transformando una disciplina en una pasión. Ya no estudio la Biblia simplemente por considerarla una herramienta de instrucción y enseñanza teológica; la leo como si fuera una carta de amor que Dios me envía. Busco con avidez el mensaje en sus páginas mientras guardo silencio delante de Dios y espero oír su voz.

De ninguna manera pretendo decir que no es posible oír a Dios en medio del quehacer cotidiano. Todo lo contrario, podemos oír a Dios en todo y en todas partes. No obstante, para llegar a ese punto, debemos primero hacernos el propósito de permanecer en silencio y escuchar; así aprenderemos a reconocer su voz cuando Él nos hable.

No hay una fórmula para lograrlo. Tu relación con el Señor es personal, y Él quiere relacionarse contigo respetando tu individualidad. Así como la intimidad entre el esposo y la esposa no puede legislarse en detalle, tampoco se lo puede hacer con el tiempo a solas con el Señor. La experiencia de cada persona será diferente.

Sin embargo, tres actividades se destacan en la vida de los creyentes que buscan establecer una sincera comunión con Dios: oración, meditación en su

Palabra y alabanza. La práctica regular de estas tres actividades crea una atmósfera propicia para aprender a reconocer la voz de Dios.

LA VOZ DE LOS SANTOS: *"Podemos hacer de nuestro corazón una capilla adonde podemos ir en cualquier momento a hablar con Dios. Estas conversaciones pueden ser muy tiernas y afectuosas, y cualquier persona puede disfrutarlas".*

EL HERMANO LAWRENCE

La oración

Al hablar sobre su vida de oración, el apóstol Pablo decía que oraba con su espíritu y su entendimiento (ver 1 Cor. 14:15). Mi vida de oración estuvo limitada a una oración hecha puramente con la mente, que me impedía vivir la experiencia de la oración en toda su plenitud. Hoy, durante mi tiempo de oración, comienzo repasando mentalmente la lista de cosas que necesito poner delante de Dios, cosas tales como confesar mis pecados, agradecerle cosas concretas, expresar mis necesidades y deseos, y también interceder por otros. Sin embargo, una vez que acabé con la lista, en lugar de dar por terminado mi tiempo de oración, aguardo hasta que mi mente se aquiete, y entonces puedo orar con mi espíritu.

Dirijo mis pensamientos hacia el interior y dejo que el Espíritu Santo me guíe recordándome personas o situaciones en las que normalmente no pensaría. Cuando el Espíritu me hace pensar en pecados que había olvidado o que no tenía conciencia de haberlos cometido, inmediatamente los coloco delante de Dios en oración para que la sangre de Cristo me limpie de todo mal. Cuando el Espíritu trae a mi mente un versículo de la Escritura, busco el pasaje en la Biblia y medito sobre su enseñanza. Con frecuencia el Espíritu me guía a alabar a Dios por alguno de sus atributos en particular.

Hay una estrecha relación entre la oración guiada por el Espíritu y la capacidad de discernir la voz de Dios, puesto que solo el Espíritu sabe lo que Dios quiere decirnos y solo Él puede transmitirnos el mensaje de manera que lo entendamos. Durante este tiempo de oración en el espíritu, confío en el Espíritu para que Él dirija mi oración y me guíe a tener un momento de meditación sobre Dios y su Palabra.

LA VOZ DE LOS SANTOS: *"Meditar es traer a nuestra mente, y reflexionar, y considerar detenidamente, y aplicar a nuestra vida todo lo que sabemos sobre las obras y los caminos y el propósito y las promesas de Dios".*

J.I. PACKER

La meditación

Reiteradamente la Escritura insta a los creyentes a meditar sobre Dios y su Palabra. Al considerar seriamente esta instrucción, descubrí que algunos de los momentos más ricos de mi comunión con Dios no tienen lugar durante la celebración comunitaria sino durante el tiempo de meditación personal. Durante este tiempo con Dios, en un lugar secreto, simplemente permanezco sentada en silencio en su presencia, a veces pensando en un versículo bíblico en particular.

Puesto que esta clase de meditación implica un análisis lento y pormenorizado de la Palabra de Dios, quizá me detenga en un solo versículo durante mi tiempo con Él. Cuando deliberadamente y sin prisa me dejo envolver por las palabras de un pasaje, siento que Dios me habla, sin excepción.

LA VOZ DE DIOS: *"Yo amo tus mandamientos, y hacia ellos elevo mis manos; ¡quiero meditar en tus decretos!"*

SALMO 119:48 (NVI)

Al meditar sobre un versículo, generalmente incluyo mi nombre o un pronombre personal para, justamente, personalizarlo y apropiarme de él. Si estoy leyendo y reflexionando sobre un relato bíblico, me transformo en el personaje principal de modo que ya no sea una vivencia ajena sino la mía propia. Me pregunto qué querrá Dios que haga a partir de lo que estuve meditando.

Durante este tiempo solo tengo conmigo la Biblia y mi diario. Escribo los pensamientos que el Espíritu hace surgir en mí y anoto los mensajes que siento que el Señor me envía a través del pasaje que escogí para la meditación. He comprobado que los pensamientos que escribo en mi diario suelen responder a las siguientes preguntas:

• ¿Qué revela este pasaje sobre Dios?

- ¿Qué enseñanza espiritual contiene?
- ¿Estoy viviendo de un modo que contradice la verdad de este texto?
- ¿Cómo se relaciona el pasaje con mi situación actual?
- ¿Cuál debe ser mi respuesta a la luz de lo que leí y medité?

La meditación es una disciplina porque requiere que uno controle el impulso de llenar los momentos de silencio con actividad. Significa que uno simplemente "pierde el tiempo" cavilando sobre la Escritura, las bondades de Dios para con nosotros y toda la bondad que hay en Él. La meditación casi siempre hace que la alabanza surja espontáneamente en nosotros.

> LA VOZ DE LOS SANTOS: *"Cierro los ojos para anular todo estímulo visual … Cierro los oídos y alejo con firmeza cualquier distracción que me impide estar en sintonía con Dios. Cierro las persianas que comunican con el nivel superficial de mi vida, y así logro dominar todo aquello que me impide escuchar la voz aun tenue de Dios, y puedo liberar un mecanismo que hace que cobren vida las partes más profundas, más recónditas y más ocultas de mi ser".*
>
> JOYCE HUGGETT

La adoración

A veces uso música de alabanza y adoración como telón de fondo para mi tiempo a solas con Dios. En la cocina, sentada a la mesa, o en mi cuarto, espero que Él se haga presente, con mis oídos atentos a lo que quiera decirme. Pienso en la letra de las canciones y dejo que estas guíen mi espíritu en adoración durante ese tiempo con Dios.

Al orar, muchas veces siento la necesidad de arrodillarme o de tenderme boca abajo en el piso en actitud de completa entrega y humildad. Poco a poco la música me envuelve, y la conciencia de su presencia me conmueve y me anima. Siento arder mi corazón mientras permanezco sentada en su compañía esperando que Él hable. En ese momento el Señor puede tomar la iniciativa porque yo lo invité. Percibo su cercanía y su dirección. Las palabras del mensaje sobre el que estoy meditando cobran vida, y brotan desde mi interior palabras de alabanza y gratitud.

Comparto contigo esta descripción de mi tiempo de oración habitual, no con la intención de que sigas este ejemplo sino para motivarte a apartar un tiempo para pasar a solas con Dios. Recuerda que Él desea una relación personal con cada uno de nosotros. En Mat. 6:6 leemos la promesa de que Él está en un lugar secreto esperando pasar tiempo con nosotros. Esto encabeza su lista de prioridades, y también debería encabezar tu lista de prioridades. Querido amigo, aparta un tiempo para estar con Dios; Él está deseando hablar con todo aquel que quiera oírlo.

Pídele al Señor que aguce tus sentidos para que tus oídos espirituales estén en sintonía con Él. Dios puede ayudarte, y sin duda te ayudará, a percibir su presencia, su obra y su voz en todas las áreas de tu vida ¿Has puesto tu corazón en sintonía? ¿Tienes los oídos bien abiertos?

¿CÓMO SABES QUE ES LA VOZ DE DIOS?

"Sé que el Señor me habla cuando recibo sabiduría para resolver los muchos problemas que enfrento a diario. Sé que el Señor me habla cuando me muestra caminos de paz en medio de la gran confusión que me rodea. Sé que el Señor me habla cuando repite el mismo mensaje a través de diferentes canales en un breve periodo de tiempo. Finalmente, sé que el Señor me habla cada vez que me decido a detenerme y escuchar."

BEN CARSON

SEGUNDA PARTE

Cómo comunicarnos con Dios hoy

"He aquí, el Señor nuestro Dios nos ha mostrado su gloria y su grandeza, y hemos oído su voz ... hoy hemos visto que Dios habla con el hombre."

DEUTERONOMIO 5:24 (LBLA)

"*Dios habla con el hombre…*" En todo tiempo y en todas las culturas los seres humanos han deseado tener comunión con Dios. Con frecuencia, ignorante del origen de ese anhelo, su alma escrutadora busca dirección en lugares extraños, ajenos, sin lograr otra cosa que un vacío mayor.

Lo único que puede llenar el hueco del espíritu humano "con la forma de Dios" es la relación con el verdadero y único Dios. Para satisfacer esta necesidad, el Todopoderoso ha buscado incesantemente la manera de estar en comunión con su pueblo generación tras generación. En tiempos del Antiguo Testamento, hacía oír su voz fundamentalmente a través de señales extraordinarias. En los Evangelios, habló a través de su Hijo. En el presente, en el ejercicio de su soberanía, Dios escogió la maravillosa presencia del Espíritu como la manera más clara de dirigirse a las personas de nuestro tiempo.

Más allá del método que decida usar, una cosa no cambia: ¡Aún nos habla! Y su voz no es menos perceptible que en tiempos bíblicos. El Señor se deleita en nosotros, sus criaturas, y anhela nuestra compañía. Tiene palabras de infinita sabiduría e instrucción personal que desea compartir con nosotros. Siempre está allí, esperándonos en nuestro cuarto secreto, para escucharnos, darnos consuelo, paz, esperanza y dirección. A todos los que le pertenecen y desean conocer su voluntad, Dios los invita a acercarse para poder hablar con ellos.

La voz de los santos:

"Jamás se me ocurriría negar la existencia de experiencias extraordinarias o que estas experiencias proceden de Dios, al menos en algunas ocasiones. Pero el susurro apacible o la voz interior, como solemos llamarla, es la forma preferida y más valiosa de comunicación personalizada conforme al propósito de Dios".

DALLAS WILLARD

3

Una voz maravillosa

"Dios hace tronar su voz y se producen maravillas:

¡Dios hace grandes cosas que rebasan nuestra comprensión!"

Job 37:5 (NVI)

Dios, si es tu voluntad que me case con él, haz que me invite a la fiesta de la oficina.

Señor, si crees que debo aceptar ese trabajo, dame una señal haciendo que me ofrezcan más dinero.

Padre, si esta es la casa que debo comprar, muéstrame tu voluntad ayudándome a conseguir el dinero del adelanto para mañana.

Podríamos seguir añadiendo más y más ejemplos a la lista, ¿verdad? Estoy segura de que cada uno podría aportar una lista de exigencias que en algún momento le planteó a Dios. Probablemente el contenido de las listas varíe, pero el objetivo será el mismo. Queremos que Dios nos muestre su voluntad de manera tangible, de manera espectacular. Queremos percibir algo que apele a nuestros cinco sentidos.

Lo que verdaderamente queremos es que Dios hable hoy de la misma manera en que habló en tiempos del Antiguo Testamento. En aquellos tiempos parecía mucho más fácil discernir la voz de Dios. ¿Por qué, podrías preguntarte, no me habla Dios a mí como lo hacía en aquel entonces? Yo también me enfrenté con esa pregunta. Cuando leía

la manera milagrosa en que a menudo Dios conducía a los israelitas, mi primera reacción era envidiarlos. Cuando debía tomar una decisión, ¡cuántas veces
deseé ver aparecer aquella nube que los guiaba durante el día! Es más, solía
orar pidiendo una señal extraordinaria. Quería oír, ver o sentir algo. Pensaba
que era una manera inconfundible de discernir la voz de Dios. Buscaba algo
concreto que me garantizara que Dios estaba hablando.

Recuerdo haber buscado la guía de Dios con relación a una posible carrera
como cantante, pidiéndole que me concediera recibir un determinado llamado telefónico a determinada hora. No solo no hubo llamado a la hora indicada
sino que ¡no hubo llamado de ninguna clase!

Quizás tú, igual que yo, descubriste que no siempre podemos depender de
señales exteriores para descubrir la voluntad de Dios. Aunque ocasionalmente, Dios me concedió el pedido de una señal milagrosa, mi experiencia cotidiana no ha sido recibir mensajes de Él de manera extraordinaria. Pienso que este
también podría ser tu caso. Ahora entiendo cuál es la razón: no es esta la manera principal en que Dios se comunica con los creyentes hoy.

> LA VOZ DE LOS SANTOS: *"Oramos por la manifestación de la
> gloria de Dios en medio nuestro junto con una apertura creciente
> de nuestra parte con respecto a la manera que Él escoja para
> manifestar esa gloria".*
>
> R.T. KENDALL

Un propósito inalterable

En mi búsqueda para entender las razones por las que Dios en el pasado
habló de manera diferente de como lo hace en la actualidad, comencé a estudiar las Escrituras. Me sorprendió descubrir la variedad de maneras en las que
Dios le habló a su pueblo:

• una zarza ardiente (Ex. 3:4) y corazones ardientes (Luc. 24:32)

• su gloria (Núm. 14:22) y su humillación (Fil. 2:8)

• el fuego (Deut. 5:24) y una nube (Mat. 17:5)

• su nombre (Jos. 9:9) y su creación (Rom. 1:20)

- señales visibles (Jue. 6:40) y el Espíritu invisible (Mat. 10:20)

- visiones (Sal. 89:19) y sueños (Mat. 2:12)

- maestros (Ecl. 1:1) y evangelistas (Hech. 8:35)

- ángeles (Dan. 8:15) y apóstoles (2 Ped. 3:2)

Estos son tan solo algunos ejemplos de las maravillosas maneras en que Dios se comunicó con su pueblo según los relatos del Antiguo y del Nuevo Testamento. En algunos casos, la Biblia no dice exactamente de qué manera Dios habló; solo sabemos que Jehová habló" y que las personas que lo oyeron no tuvieron dudas sobre quién les hablaba ni cuál era el mensaje. Su voz era clara, ya sea que hablara para darse a conocer o para dar instrucciones. Desde el comienzo de los tiempos, siempre habló con absoluta claridad porque quiere que reconozcamos su voz. Los canales de comunicación han ido cambiando pero su propósito permanece inalterable.

> LA VOZ DE DIOS: *"Los cielos cuentan la gloria de Dios*
> *y el firmamento anuncia la obra de sus manos.*
> *Un día emite palabra a otro día*
> *y una noche a otra noche declara sabiduría.*
> *No hay lenguaje ni palabras*
> *ni es oída su voz.*
> *Por toda la tierra salió su voz*
> *y hasta el extremo del mundo sus palabras".*
>
> SALMO 19:1-4

Acompáñame en un breve viaje a través del tiempo. Quiero mostrarte algo.

Canales de comunicación variables

En tiempos del Antiguo Testamento, Dios le habló a su pueblo principalmente a través de *los profetas*, y la confirmación del mensaje les llegaba a través de una *señal visible*. La profecía y las señales iban de la mano.

Cuando Dios quiso advertir al pueblo en contra del culto a los dioses falsos, envió a Elías para que les hablara en el monte Carmelo (1 Rey. 18). Primeramente, el profeta los instó a decidir si iban a servir a Dios o a Baal. Ante la falta de respuesta del pueblo, Elías propuso realizar una prueba. Los profetas de Baal debían buscar dos bueyes, luego, pondrían un buey en su altar e invocarían el nombre de su dios, y Elías pondría el otro buey en el altar de Dios e invocaría el nombre de Jehová. El que respondiera prendiendo fuego a la leña sería el Dios verdadero.

Primero fue el turno de los profetas de Baal. A pesar de sus desesperados esfuerzos por obtener respuesta de su dios, nada sucedió. Pero cuando Elías se acercó al altar y oró, inmediatamente cayó fuego del Señor y quemó el holocausto. Al verlo todo el pueblo, "se postraron y dijeron: '¡Jehová es el Dios, Jehová es el Dios!'" (1 Rey. 18:39). Elías le dio a conocer al pueblo el mensaje de Dios, y seguidamente Dios les dio una señal visible que confirmó la palabra del profeta.

> LA VOZ DE DIOS: *"Dios, que muchas veces y de varias maneras habló a nuestros antepasados en otras épocas por medio de los profetas, en estos días finales nos ha hablado por medio de su Hijo. … El Hijo es el resplandor de la gloria de Dios, la fiel imagen de lo que él es".*
>
> HEBREOS 1:1-3

Cuando Cristo vino, las cosas cambiaron. El Hijo fue el mensaje del Padre para toda la humanidad; la revelación completa de quién es Él y cuál es su propósito. Mientras Jesús vivió en la tierra, Dios le habló a su pueblo fundamentalmente a través de *la persona de su Hijo*. Y Cristo confirmó la palabra de Dios a través de los *milagros*. Cristo y los milagros eran parte de un mismo mensaje.

El mensaje más importante que Dios transmitió a la humanidad a través de su Hijo lo encontramos en Juan 3:16, que dice: "De tal manera amó Dios al mundo, que ha dado a su Hijo unigénito, para que todo aquel que en él cree no se pierda, sino que tenga vida eterna". Para que la gente creyera en su mensaje, Jesús lo confirmó a través de los milagros.

En Juan 11 leemos que después de saber que su amigo Lázaro estaba gravemente enfermo, Jesús deliberadamente esperó dos días antes de ir a verlo. Cuando llegó, hacía cuatro días que Lázaro yacía en una tumba. Marta, la hermana de Lázaro, al ver llegar a Jesús le dijo: "Señor, si hubieras estado aquí, mi hermano no habría muerto" (v. 21).

Jesús le respondió: "Yo soy la resurrección y la vida; el que cree en mí, aunque esté muerto, vivirá. Y todo aquel que vive y cree en mí, no morirá eternamente" (vv. 25-26). Jesús confirmó que este mensaje procedía de Dios cuando resucitó a Lázaro.

Al acercarse el tiempo de su muerte, Jesús les dijo a los discípulos que pronto abandonaría este mundo para ir al Padre. "Les conviene que me vaya —les dijo Jesús—, porque, si no lo hago, el Consolador no vendrá a ustedes; en cambio, si me voy, se lo enviaré a ustedes" (Juan 16:7, NVI). El Consolador llegó en Pentecostés, cuando Dios envió al Espíritu Santo para que morara en sus seguidores. De este modo, Dios dio comienzo a una nueva manera de comunicarse con sus hijos, que continúa usando hasta el presente.

En tiempos del Antiguo Testamento, el Espíritu Santo no era parte integral de la vida de todos los que creían en Yahvéh. Solo se manifestaba en determinadas personas en determinado momento a fin de realizar una tarea concreta. Una vez cumplida la tarea (o si las personas caían en pecado o se rebelaban), el Espíritu Santo se retiraba. Pero después de la ascensión de Jesús al Padre, el Espíritu Santo se transformó en una presencia permanente en la vida de los creyentes. Desde aquel momento, el Espíritu ha revelado el propósito de Dios a todos los santos en forma personal y continua.

Poco antes de ascender al cielo, Jesús les dijo a sus discípulos que quería que ellos fueran "por todo el mundo y anuncien las buenas nuevas a toda criatura" (Mar. 16:15, NVI). Debían anunciar el mensaje recibido de Dios para que todos los que lo escucharan creyeran, y Jesús les dio poder para confirmar ese mensaje a través de milagros. "Los discípulos salieron y predicaron por todas partes, y el Señor los ayudaba en la obra y confirmaba su palabra con las señales que la acompañaban" (v. 20, NVI).

La razón por la que los apóstoles y sus colaboradores más cercanos realizaban milagros era la misma razón por la que Jesús había hecho milagros: confirmar lo que decían. Después de que el mensaje se puso por escrito, ya no hubo necesidad de recurrir a los milagros para confirmar la veracidad de la Palabra de Dios. Esto no significa que Dios no siga haciendo milagros; significa que no dependemos de ellos para decidir si es Dios quien nos habla.

Con el paso del tiempo, los cristianos inspirados por el Espíritu Santo, llegaron a un acuerdo con respecto a los textos que pertenecían al Nuevo Testamento. Desde aquel momento, Dios le habla a su pueblo principalmente *a través de la persona del Espíritu Santo* que confirma la *Palabra de Dios escrita* y nos guía para aplicarla a nuestra vida. El Espíritu Santo y la Biblia van de la mano.

LA VOZ DE LOS SANTOS: *"Cuando Dios habla, no se revela de maneras que contradigan lo que ya reveló a través de la Escritura. Más bien, Dios habla para mostrar cómo se aplica su Palabra a situaciones concretas de tu vida. Cuando Dios te habla… quiere aplicar a tu vida lo que ya enseñó en su Palabra".*

RICHARD BLACKABY

Un canon invariable

Afirmar que en el presente Dios no nos habla a través de medios sensoriales no implica que no puede hacerlo. Como creyentes, siempre debemos dar lugar a que Dios sea Dios, y eso significa estar abiertos a la posibilidad del milagro.

Es Dios quien decide cómo nos hablará. El mismo Dios que decidió hablarle de manera audible a Balaam a través de un asno es el Dios que nosotros deseamos oír hoy (Núm. 22). ¿Quiénes somos nosotros para decir que no puede o que no volverá a hacerlo? Conozco personas muy consagradas que recibieron mensajes de Dios de maneras que muchos de nosotros consideraríamos poco ortodoxas, sin embargo no dudo de que su encuentro con Dios haya sido genuino. Debemos estar dispuestos a dejar de lado nuestros preconceptos sobre cómo Dios habla para poder escuchar la voz del Espíritu.

Aclarado este punto, debo agregar que aun cuando Dios decida hablarnos de manera milagrosa en este tiempo, esas manifestaciones no constituyen el *fundamento* de nuestra comunicación con Él. Más bien, sirven para *confirmar* los mensajes que recibimos a través de la dirección del Espíritu Santo y las pautas de las Escrituras.

Hace unos años, durante algunas semanas tuve la impresión de que Dios quería que mi vida personal y espiritual tomara un nuevo rumbo. Debía tomar algunas decisiones que sabía que pondrían a prueba mi fe y representarían un desafío en muchos sentidos. Dudaba, porque me atemorizaba un poco avanzar en la dirección que sentía que el Señor me indicaba. Me resultaba mucho más cómodo quedarme donde estaba y aferrarme a lo que Dios ya había establecido. Sin embargo, en mi tiempo de oración y de estudio bíblico, percibía que el Espíritu Santo me invitaba a avanzar.

En aquel tiempo, había comenzado a asistir a un nuevo grupo de estudio bíblico. No conocía a nadie en ese grupo, y nadie me conocía. Al finalizar el mensaje, el maestro, un cristiano muy piadoso cuya relación con Dios me inspiraba gran respeto, se dirigió a mí con palabras que indudablemente procedían de Dios.

"Disculpa, no sé tu nombre —me dijo—, pero siento que debo transmitirte algo. Comencé a orar por ti cuando te vi llegar hoy al estudio bíblico. Por alguna razón, el Señor puso en mi mente una imagen de una vía de tren vieja y desvencijada. De repente, un súper tren aerodinámico pasó a enorme velocidad por la vía. Nunca antes había visto un tren como ese.

"Jovencita, creo que el Señor quiere hacer algo nuevo en tu vida. Lo que ha hecho hasta ahora fue maravilloso, pero no quiere que te aferres a ello. La estructura de su obra anterior solo servirá como vía para la obra que vendrá. Dios tiene algo nuevo, algo nunca antes visto, para ti, para tu familia y tu ministerio."

Y habiendo dicho esto, abrió su Biblia en Isa. 43:18-19 (NVI) y leyó: "Olviden las cosas de antaño; ya no vivan en el pasado. ¡Voy a hacer algo nuevo! Ya está sucediendo, ¿no se dan cuenta?"

> LA VOZ DE DIOS: *"Pero cuando venga el Espíritu de verdad, él os guiará a toda la verdad, porque no hablará por su propia cuenta, sino que hablará todo lo que oiga y os hará saber las cosas que habrán de venir".*
>
> JUAN 16:13

Su mensaje me conmovió en lo más profundo porque confirmó lo que el Espíritu Santo ya había estado diciéndome. Lo cierto es que no sabía qué hacer. Me parecía una forma poco convencional de recibir un mensaje de parte de Dios, pero no podía negar la importancia de lo que el maestro del estudio bíblico había dicho. Sabía que Dios me estaba hablando así que decidí obedecer. A partir de aquel día vi con toda claridad que las palabras de un hermano en la fe habían sido la confirmación exterior de lo que yo había oído de parte de Dios en mi interior.

No obstante, es preciso hacer una advertencia. Creo que el don de profecía es un don real que el Espíritu da a los creyentes, según su voluntad, como leemos en el Nuevo Testamento (1 Cor. 12:10). Esto significa que Dios le da a algunos creyentes la capacidad divina de transmitir un mensaje *de la Escritura* que tiene relación directa con la vida de una persona y confirma la dirección de Dios en situaciones concretas. Sin embargo, *no* creo que los mensajes que añaden o quitan contenido a la Escritura sean mensajes de Dios. La Biblia es el parámetro con el cual debemos evaluar cualquier mensaje de Dios recibido por otros medios. Todo lo que el Espíritu Santo te revele *siempre* coincidirá con la Palabra escrita. ¿Por qué? Porque el Espíritu Santo fue quien nos dio las Escrituras en primer lugar (2 Tim. 3:16), y jamás se contradecirá. Esta regla no admite excepciones. Quizá estás firmemente convencido de que Dios te habló sobre un tema en particular, pero si lo que oíste es contrario a la Escritura en algún sentido, debes saber que el mensaje no es de Dios.

Dios ya no se ocupa de revelar nueva doctrina. El canon de la Escritura está cerrado. Todo lo que Dios desea revelar sobre sí mismo y sus propósitos se encuentra en la revelación plena y total contenida en la Escritura.

> LA VOZ DE LOS SANTOS: *"Oír la voz de Dios hoy no pasa por descubrir lo novedoso sino lo vigente".*
>
> JOYCE HUGGET

Esto no significa que Dios haya perdido el interés en hablar contigo en forma personal sino que su manera de comunicarse es a través de la aplicación de su Palabra a tu situación particular. El Espíritu Santo no revela cosas nuevas sino que arroja luz sobre hechos y enseñanzas antiguas, y te muestra cómo relacionar ese mensaje con tu vida.

Un pueblo privilegiado

Comúnmente nos sentimos inclinados a esperar que Dios nos hable de manera espectacular. Y cuando lo hacemos, el enemigo puede engañarnos haciéndonos creer que la principal vía de comunicación de Dios hoy no es tan significativa ni portentosa como los medios que usó en el pasado. Mientras que nosotros a menudo desearíamos tener lo que tuvieron los creyentes en tiempos del Antiguo Testamento, tengo la impresión de que a ellos les hubiera gustado tener lo que nosotros tenemos: la posibilidad de comunicarse personalmente con el Padre. Los creyentes de aquel tiempo dependían de los profetas y de ciertas señales visibles para poder discernir la voz de Dios porque la Escritura no se había completado aún, y tampoco tenían contacto permanente con el Espíritu Santo. Nosotros, en cambio, tenemos lo que ellos jamás imaginaron tener: comunicación directa con Dios. Esta es la principal manera en que Dios guía a sus hijos en el presente, y debemos confiar en este medio.

Si buscamos que Dios nos hable mediante manifestaciones sensacionales, pasaremos por alto la comunicación más personal con nuestro maravilloso Dios. El medio más espectacular jamás usado por Dios es precisamente el que nos ofrece hoy a través del Espíritu Santo que mora en nosotros. ¡Dios reservó especialmente para nosotros el medio de comunicación más íntimo y maravilloso!

Ahora, en lugar de desear que Dios *haga algo* que me revele su voluntad, celebro el hecho de que ya hizo algo al darme el don más precioso para que me comunicara con Él: se dio a sí mismo en la persona del Espíritu Santo. ¿Acaso puede haber algo mejor?

Espero que abras tu corazón por completo a lo que el Espíritu quiere enseñarte *por el medio* que desea hacerlo. Pídele al Señor que elimine toda barrera o idea preconcebida sobre cómo se comunica Dios, para que puedas comenzar a discernir su voz.

¿CÓMO SABES QUE ES LA VOZ DE DIOS?

"Sé que el Señor me habla cuando dejo de oír las voces del mundo que alientan en mí sentimientos de orgullo y ambición. En cambio, guardo silencio, sintonizo con el maravilloso mundo de Dios a mi alrededor, y escucho atentamente. A veces, la naturaleza me habla de la gloria y la majestad de Dios. A veces, la Palabra de Dios me habla recordándome lo que Dios quiere que sepa. Y otras veces, el Espíritu me habla y despierta mi conciencia, me recuerda mis fracasos, estimula mi compasión y sentido de justicia, y así hace que me sume a la voluntad de Dios. No puedo controlar la voz de Dios ni cómo se hará oír, solo puedo controlar mis 'oídos', mi disposición para escuchar y mi rapidez para responder."

PHILIP YANCEY

4

Una voz que nos guía

"*Todos los que son guiados por el Espíritu de Dios,*

son hijos de Dios."

Estaba leyendo un buen libro y disfrutando de un vuelo placentero cuando repentinamente el avión en el que viajaba pareció perder su curso. Unos pasajeros gritaban, otros se caían y algunos gritaban al tiempo que caían. Los compartimentos sobre los asientos se abrieron y los bolsos volaron por el aire de una punta a la otra del pasillo. Al cabo de un momento que pareció una eternidad, el avión recuperó la estabilidad y oímos la explicación del piloto a través del interfono. La torre de control del lugar de destino le había enviado un mensaje informándole que debía hacer un cambio de altitud inmediata para evitar el impacto con otro avión. Si el piloto no hubiese escuchado y obedecido, habríamos sufrido un grave accidente.

Con todos los instrumentos de navegación a su disposición, el personal de la torre de control pudo ver lo que el piloto no estaba en condiciones de ver ni saber. La capacidad del personal de conocer la totalidad de la situación y la disposición del piloto a confiar en sus instrucciones salvaron muchas vidas, a pesar de que los pasajeros vivimos algunos momentos de zozobra.

El Espíritu Santo representa para nosotros lo que la torre de control es para el piloto aéreo: una guía que ve lo que nosotros no podemos ver. El Espíritu quiere guiarnos a lo largo de nuestra vida para que lleguemos al destino que el Padre tiene preparado para nosotros. El Espíritu ve la escena completa y sabe si hay mal tiempo o incluso si se avecina una catástrofe. Ningún piloto competente intentaría seguir su curso sin la ayuda de alguien que viera más de lo que él puede ver. Si lo hiciera, pondría en grave peligro su vida, la vida de la tripulación y de los pasajeros. Algo semejante ocurre con nosotros: cuando el Espíritu Santo no habita en nosotros, perdemos contacto con la fuente de información que puede señalar el rumbo cierto. Para oír la voz de Dios y llegar a descubrir su voluntad para ti, debes tener al Espíritu Santo.

> LA VOZ DE DIOS: *"Sin embargo, ustedes no viven según la naturaleza pecaminosa sino según el Espíritu, si es que el Espíritu de Dios vive en ustedes. Y si alguno no tiene el Espíritu de Cristo, no es de Cristo"*.
>
> Romanos 8:9 (NVI)

¡Adelante! ¡Pasa!

El Espíritu Santo es una persona —el tercer integrante de la Trinidad— y es el principal canal de comunicación que Dios usa en el presente para hablar con los creyentes en forma personal. Recibimos al Espíritu Santo cuando somos salvos, y su presencia en nuestra vida es la prueba de nuestra relación con el Padre. El Espíritu Santo solo entra en nuestra vida si lo invitamos, de modo que debes invitarlo personalmente. Nadie puede hacerlo por ti. Lo único que debes hacer es tener *fe* en *Jesucristo*, y solo en Él, para el perdón de tus pecados.

Al aceptar a Cristo, el Espíritu de Dios inmediatamente entra en tu vida y habita en ti. Si eres cristiano, no tienes por qué esperar recibir otra manifestación del Espíritu Santo ni la unción del Espíritu. Pablo les dijo a los creyentes de Éfeso que cuando *creyeron*, inmediatamente *recibieron* el Espíritu (Ef. 1:13). Y Juan lo reiteró en su carta: "En cuanto a ustedes, la unción que de él recibieron permanece en ustedes" (1 Jn. 2:27, NVI). Si eres creyente, recibiste el Espíritu Santo *por completo* en el momento en que aceptaste a Cristo como tu Señor y Salvador, y *tienes la unción* del Espíritu.

Amigo creyente, atesora esta verdad profunda en un rincón del corazón: Dios ya te ha dado todo lo que pertenece a la vida y a la santidad (2 Ped. 1:3).

Dios no nos da el Espíritu Santo en cuotas ni mediante un plan de entregas parciales. ¡Ya posees la manifestación completa del Espíritu!

La pregunta es: "¿Le has pedido que entre en tu vida?" La Escritura dice que Dios revela esas verdades personales que tanto buscamos solo a aquellos que tienen el Espíritu Santo. A través de la creación, los atributos de Dios se revelan en forma permanente para que todos puedan conocerlo (Rom. 1:20), pero Él solo les revela las verdades espirituales más profundas a los que pertenecen a su familia. Las personas que no han recibido el Espíritu Santo no pueden comprender estas verdades, y piensan que todo es una tontería; solo aquellos que tienen el Espíritu comprenden lo que el Espíritu dice (1 Cor. 2:14). Solo los creyentes están completamente capacitados para discernir la voz de Dios. Y ese proceso de oír a Dios comienza con la certeza de que el Espíritu verdaderamente vive en ti, porque solo así estarás preparado para oírlo con claridad.

Si tienes fe en Jesucristo pero sigues luchando para discernir su voz, te ruego que no comiences a dudar de tu salvación. Recuerda que aprender a oír su voz es una disciplina que requiere tiempo de oración, lectura y meditación de la Palabra. Del mismo modo que cuanto más tiempo le dedicamos a una relación, mejor grado de comunicación logramos, así también nuestra capacidad de oír a Dios se perfecciona conforme pasamos más tiempo tratando de conocerlo. Pero, reitero, ese proceso de oír a Dios comienza con la certeza de que el Espíritu verdaderamente vive en ti, porque solo así estarás preparado para oírlo con claridad.

Durante nuestros años de niñez y adolescencia, mis padres decidieron no tener televisión por cable, pero al formar nuestro propio hogar, Jerry y yo decidimos contratarla. Nunca olvidaré el día que la empresa instaló el servicio. Cuando el técnico me mostró todas las opciones disponibles, quedé sorprendida al ver que había cientos de posibilidades. No podía creer que había perdido tantas oportunidades durante tanto tiempo.

En el mundo espiritual hay un canal divino disponible solo para ti. Dios siempre estuvo a nuestro alcance, pero solo aquellos que lo aceptan (mediante la salvación) pueden sintonizar su frecuencia. Cuando el Espíritu Santo habita en nosotros, resulta sorprendente descubrir el potencial que tenemos para oír a Dios.

Permíteme mostrarte cómo funciona.

LA VOZ DE LOS SANTOS: *"Si aun después de arrepentirnos sinceramente seguimos sintiéndonos culpables, es posible que sea el Espíritu Santo tratando de decirnos que no dejamos que Dios complete su obra en nosotros, o no creímos que podía hacerlo".*

Beth Moore

¡Transfórmame!

Todo ser humano está formado por espíritu, cuerpo y alma. Previo a la salvación, cada una de las partes que lo componen es completamente rebelde (terca) y está separada de Dios. No tenemos la capacidad de estar en comunión con Dios ni de oír su voz.

El cuerpo está formado por materia, y es esa parte de ti visible a los demás. Te permite estar en contacto con el mundo físico a través de tus cinco sentidos.

El alma es invisible y se compone de mente, voluntad y emociones. Tu alma hace de ti una persona única, con una personalidad distintiva, porque piensas, actúas y sientes diferente que el resto de las personas.

El espíritu es la esencia de tu ser y te permite estar en contacto con el mundo espiritual. Esta parte de nosotros es la que anhela estar en contacto con un ser espiritual superior. Muchas personas intentan llenar este vacío con otras opciones en lugar de buscar a Jehová, pero no encuentran satisfacción. Esto se debe a que el espíritu humano fue hecho para ser morada del Espíritu Santo. Tu espíritu humano recibió al Espíritu Santo cuando te convertiste en creyente. Cuando recibes al Espíritu "Dios ya no tiene en cuenta nuestra antigua manera de vivir, sino que nos ha hecho comenzar una vida nueva" (2 Cor. 5:17, TLA). A partir de ese momento tu espíritu humano ya no está separado de Dios sino que volvió a nacer y fue redimido. Ahora puedes estar en contacto con el único y verdadero Dios.

Cuando el Espíritu Santo entra en tu vida, inmediatamente comienza un proceso de renovación y transformación de tu espíritu, cuerpo y alma. El Espíritu desea santificarnos (2 Tes. 2:13) para que comencemos a querer lo que él quiere, pensar como él piensa, y hacernos el propósito de cumplir su buena voluntad. Comprender todo esto es *fundamental* para saber cómo discernir la voz de Dios.

Y porque esto es tan importante para entender de qué manera Dios nos habla, comencemos analizando cómo Dios nos habla a través del Espíritu Santo.

¡Torre de control a piloto!

Todo ser humano tiene una voz interior llamada conciencia. Esta voz nos guía y trata de dirigir nuestras decisiones. Es esa vocecilla interior que nos dice cuándo deberíamos o no deberíamos decir o hacer determinada cosa. El problema de guiarnos por nuestra conciencia es que esta se va formando influenciada por nuestras experiencias de vida, el ambiente en que nos educamos, las tradiciones y las verdades o mentiras a las cuales estuvo expuesta. Nuestra conciencia puede equivocarse. Puede estar endurecida por el pecado e incluso haber sido corrompida por otros. Por eso es de crucial importancia que recordemos este importante mensaje: Nuestra conciencia *no es* la voz de Dios. No es infalible; puede ser "mala" (Heb. 10:22); "corrompida" (Tito 1:15); "débil" (1 Cor. 8:7), o estar "cauterizada" (1 Tim. 4:2).

Mi amiga Rebecca creció en una familia en la que todas las mujeres eran divorciadas. Fue criada por una madre sola quien a su vez había sido criada por una madre sola. En su familia, divorciarse por motivos insignificantes y volver a casarse era la norma. En consecuencia, Rebecca estaba convencida de que esto era perfectamente normal. Debido a que era lo habitual en su familia, le parecía muy natural pensar en el divorcio como la solución para los problemas en su matrimonio.

Después de conocer al Señor y recibir el Espíritu Santo, Rebecca se dio cuenta de que sus sentimientos con respecto al matrimonio habían cambiado. Antes de ser salva, su conciencia le hubiera permitido divorciarse de su esposo sin remordimientos. Sin embargo, ahora que está bajo la influencia del Espíritu y creciendo en el Señor, y gracias a la acción del Espíritu Santo que ha comenzado a reprogramar su conciencia, se ha convencido de que debe reflexionar sobre lo que el Espíritu piensa respecto de sus decisiones. Ahora su conciencia, guiada por el Espíritu, le hace ver el error de su idea anterior sobre el divorcio y la anima a permanecer junto a su esposo en los momentos difíciles.

Cambiar de frecuencia para sintonizar el canal celestial

Cuando te conviertes al cristianismo, tu espíritu se renueva. El Espíritu Santo mora en ti (Tito 3:5), y al recibir la salvación, tu conciencia despierta y se va iluminando progresivamente conforme el Espíritu Santo la limpia y purifica. Si cooperas entregándole tu vida y obedeciendo su Palabra, Él comienza a transformar tu conciencia. A partir de entonces, tu conciencia, guiada por el Espíritu Santo, ya no se limita a ayudarte a tomar decisiones morales sino que comienza a discernir entre pecado y rectitud, y te instruye correctamente (Juan 16:8). Esto significa que aquel "conocimiento" interior, profundo, que dirigía tus acciones antes de que fueras salvo, es el mismo que ahora te guía, solo que su comunicación contigo habrá cambiado porque reconoce a otro Guía.

> LA VOZ DE LOS SANTOS: *"Una conciencia cauterizada es el patrimonio del pecador. Sobre ella el Espíritu Santo apoya su mano para despertar al alma de su sueño de muerte. El Espíritu toca la conciencia, y luego comienza la lucha por el convencimiento. Él logra calmarla al mostrarle a Jesús en la cruz y rociarla con su sangre. Por fin, al hacerle saborear el perdón, el alma descansa de todos sus temores y confusión".*
>
> A.W. TOZER

Fíjate de qué manera el apóstol Pablo confirma la relación que existe entre el Espíritu Santo y nuestra conciencia:

- Rom. 9:1 (NVI): Al hablarles a los romanos de su dolor porque los judíos rechazaban el evangelio, Pablo les dijo: "Mi conciencia me lo confirma en el Espíritu Santo".
- Hech. 23:1: Cuando Pablo fue juzgado y debió defender su predicación delante del sumo sacerdote Ananías y del Sanedrín, les dijo: "Hermanos, yo con toda buena conciencia he vivido delante de Dios hasta el día de hoy".
- 2 Tim. 1:3: Al animar al joven Timoteo en su ministerio, Pablo describió su propio ministerio con estas palabras: "Doy gracias a Dios, al cual sirvo desde mis mayores con limpia conciencia".

En cada caso Pablo afirma que su actividad (sin importar cuánto difería de lo que hacían los demás), su predicación (sin importar si la multitud la despreciaba) y su ministerio (sin importar la persecución de que fue objeto), todo ello era aceptable porque había un *acuerdo* entre su conciencia y el Espíritu Santo. Pablo dice que el Espíritu Santo le confirmó en su conciencia que la dirección que había escogido estaba en consonancia con la voluntad de Dios para él.

Nuestra conciencia es similar al instrumento que usó la torre de control para guiar al piloto del avión en el que yo viajaba. Es el mecanismo mediante el cual el Espíritu transmite instrucciones específicas de parte de Dios que permiten alinearnos con su voluntad y nos alejan del pecado. El Espíritu te dará la luz roja de la convicción que significa "detente", la luz verde de paz y tranquilidad que significa "avanza", o la luz amarilla de duda e intranquilidad que significa "espera". Si experimentas sentimientos de convicción en tu vida, ¡alégrate!, pues eso significa que el Espíritu Santo está presente, y está obrando en ti, guiándote y transformándote. Aunque ocasionalmente su dirección te incomode, Él puede ver la totalidad de tu vida y te salvará del desastre a largo plazo. El Espíritu te conduce hacia el cumplimiento de la voluntad de Dios.

> LA VOZ DE DIOS: *"Así, todos nosotros, que con el rostro*
> *descubierto reflejamos como en un espejo la gloria del Señor,*
> *somos transformados a su semejanza con más y más gloria por la*
> *acción del Señor, que es el Espíritu".*
>
> 2 CORINTIOS 3:18

Cynthia sentía una tremenda carga de conciencia cada vez que deseaba hacer algo contrario a la estricta formación que había recibido. Le habían enseñado que estaba mal hacer una cantidad de cosas tales como usar pantalones o ir al cine. La formación estricta y legalista que había recibido había modelado su conciencia de tal modo que se sentía culpable por casi todo lo que hacía.

Tiempo después conoció al Salvador y el Espíritu Santo entró en su vida. Al dejarse invadir totalmente por la Palabra de Dios, el Espíritu reprogramó su conciencia. Ahora se siente en paz para disfrutar las muchas libertades que Dios le da gracias a que su espíritu fue confirmado por la Palabra de Dios y la guía del Espíritu Santo.

El Espíritu quiere lo mejor para nosotros. Muchas veces tomé decisiones contrarias a lo que me dictaba la conciencia guiada por el Espíritu porque, a pesar de mi visión parcial, pensé que sabía lo que me convenía. Sin embargo, cada vez que lo hice, los resultados fueron desastrosos. A veces se trataba simplemente de usar o no usar determinada ropa cuando "algo en mi interior" me hacía sentir incómoda, o de aceptar una invitación a participar en algo cuando "sencillamente sabía" que no debía hacerlo. Estas experiencias me ayudaron a ver que al actuar de acuerdo con mi conciencia guiada por el Espíritu obtengo resultados que agradan al Señor y son para mi propio bien.

> LA VOZ DE LOS SANTOS: *"La palabra griega que significa*
> *'conciencia' aparece más de treinta veces en el Nuevo Testamento.*
> *El vocablo griego es* suneidesis *que literalmente significa*
> *'co-conocimiento'. La conciencia es el conocimiento unido al*

propio ser, es decir, la conciencia conoce nuestras motivaciones
más profundas y nuestros verdaderos pensamientos".

JOHN MACARTHUR

Toma nota de lo siguiente

Es indispensable que recordemos que la transformación de nuestra conciencia es un proceso *gradual*. Nuestra mente, nuestra voluntad, nuestras emociones, nuestra conciencia y nuestro cuerpo no serán perfeccionados hasta que estemos frente a Él en la eternidad. Por tal motivo, cuando escuches tu conciencia guiada por el Espíritu, *siempre* debes confirmar lo que oíste.

Dios decidió hablarle a su pueblo principalmente a través del Espíritu en esta generación porque *quiere* que aprendamos a discernir su voz.

Por consiguiente, Él confirmará por su gracia lo que nos está diciendo, y creo que lo hará tanto en las pequeñas cosas cotidianas como en las grandes decisiones que debemos tomar. No obstante, mientras seguimos transformándonos mediante la renovación de nuestra mente (Rom. 12:2), les propongo algunas pautas que pueden servir de guía y ayudarnos a determinar si estamos oyendo con precisión lo que nos dice nuestra conciencia guiada por el Espíritu. Las he llamado las cinco M para oír a Dios correctamente.

1. *Busca el MENSAJE del Espíritu. Toma tu tiempo para escuchar y prestar mucha atención*: Busca a Dios con ahínco y está atento a tu voz interior para saber si lo que estás sintiendo tiene todo el peso de la voluntad de Dios o si se trata de los valores imperfectos de tu conciencia y tradiciones humanas.

2. *Busca los MODELOS que da la Escritura y guíate por ellos*: Si lo que oyes contradice la enseñanza de Dios revelada en la Escritura, o de alguna manera se opone a la naturaleza de Dios, el mensaje no viene de Él. Además, mantén tus ojos abiertos en ese instante en que la Escritura te *atrape* al hablarte sobre una situación concreta de tu vida.

3. *Haz de la oración un MODO de vida. Presenta tu inquietud al Señor en oración*: Dile a Dios lo que oyes. Si algún asunto te inquieta, no gastes tiempo ni energía preocupándote; invierte esa energía para poner nuevamente todo en manos de Dios a través de la oración.

4. *Entrégate al MINISTERIO de Elí. Busca el consejo de un creyente maduro*: Busca un creyente sabio y maduro capaz de discernir la dirección de Dios en su vida. Pídele consejo, pero acude a él o ella después de haberle pedido a Dios que te guíe.

5. *Espera la MISERICORDIA de la confirmación. Está atento a la manera en que Dios usará una situación, la Escritura o tal vez otros creyentes para confirmar en qué dirección debes encaminar tu vida.* Dios quiere que conozcamos su voluntad. Pídele al Señor que confirme lo que tú sientes que el Espíritu está diciéndote.

> LA VOZ DE LOS SANTOS: *"Dios da a conocer sus deseos a aquellos que se detienen a leer su Palabra, buscan con espíritu sensible y escuchan a los demás. Cuando acudimos a su Palabra, nos detenemos el tiempo suficiente para oír el mensaje que llega desde lo alto. Cuando buscamos, analizamos las circunstancias que nos rodean a la luz de lo que Él dice al interior de nuestro espíritu (tal vez preferimos llamarlo conciencia). Y cuando escuchamos a otros, buscamos consejo de personas sabias y calificadas".*
>
> CHARLES SWINDOLL

Mientras tratas de aclarar en qué dirección Dios quiere conducir tu vida, sé fiel y confiesa los pecados que Él te muestre para que la sangre de Cristo pueda limpiarte. Esto mantendrá tu conciencia en permanente conformidad con el Espíritu Santo.

Si estás tratando de oír la voz de Dios en tu vida, ¿qué palabras resuenan en lo profundo de tu ser? ¿Qué instrucciones reconoces? Si la voz que oyes te parece extraña o piensas que en algún sentido se aparta de la Escritura, debes suponer que esa duda es una señal del Espíritu Santo que ha detectado una voz desconocida. Confía en la voz del Espíritu Santo que te guiará por la senda de la voluntad de Dios.

¿CÓMO SABES QUE ES LA VOZ DE DIOS?

"Sé que el Señor me habla cuando recuerdo que las ovejas reconocen la voz del pastor, pero desconocen la voz del extraño. Creo que si permanezco en la Palabra, me entrego al Señor, camino en el Espíritu, asumo la responsabilidad por la enseñanza recibida y estoy atenta a lo que Dios está haciendo a mi alrededor, puedo confiar que tendré la mente de Cristo como guía. Por otra parte, si me siento insegura, presionada, temerosa o vacilante con respecto a una decisión, probablemente estoy oyendo la voz de un extraño."

LISA WHELCHEL

5

Una voz fidedigna

"*La palabra de Dios es viva, eficaz y más cortante que toda espada de dos filos: penetra hasta partir el alma y el espíritu, las coyunturas y los tuétanos, y discierne los pensamientos y las intenciones del corazón.*"

HEBREOS 4:12

Me encanta hacer regalos; disfruto muchísimo al ver la expresión de alegría de las personas cuando abren los paquetes con lo que escogí especialmente para ellos. Hace poco se me ocurrió que sería genial comprar pequeños regalos para un grupo de amigas; estaba segura de que sería una buena manera de darles una pequeña alegría.

Poco después de haber tomado esa decisión, en mi estudio bíblico personal me encontré con el texto de Mat. 6:3-4 (NVI): "Más bien, cuando des a los necesitados, que no se entere tu mano izquierda de lo que hace la derecha, para que tu limosna sea en secreto. Así tu Padre, que ve lo que se hace en secreto, te recompensará". Había leído este pasaje muchas veces, pero en esta ocasión la espada filosa del Espíritu pareció salir de la página y atravesar mi alma.

Cuando analicé mi idea del regalo a la luz de este versículo, comencé a preguntarme qué me impulsaba a comprar esos regalos. ¿Cuál era mi motivación? ¿Verdaderamente quería darles una alegría a mis amigas o quería impresionarlas y atraer su atención? Mientras oraba, el Espíritu Santo me hizo ver que mi ser carnal quería recibir atención. Al menos en esa ocasión, mi deseo de dar regalos era una manera de reclamar para mí la gloria que solo le pertenece a Dios.

¿Alguna vez te preguntaste cómo puedes estar seguro de que tus deseos no te llevan en la dirección equivocada? Pues es muy sencillo. Entrégate a la lectura de la Palabra y espera a que el Espíritu Santo te hable a través de ella. En la Escritura podrás comprobar si tus intenciones concuerdan con las del Espíritu. Mientras tú lees la Palabra, ¡el Espíritu te leerá a ti!

Cómo discernir la voz de Dios a través de su Palabra

Cuando estudiaba en la universidad, un joven me pidió que me casara con él. Éramos buenos amigos, compartíamos muchos intereses, y yo sentía una gran atracción por él. Sin embargo, había un problema: no era cristiano. Cuando me propuso matrimonio sentí enormes deseos de aceptar, pero sabía que mi deseo no provenía del Espíritu porque era contrario a la Escritura que dice: "No estén unidos en yugo desigual con los incrédulos" (2 Cor. 6:14).

Es fácil discernir la voz de Dios en cuestiones de principios generales como este, y hay muchas otras situaciones similares en las que Dios habla con absoluta claridad. Sin embargo, cuando se trata de decisiones específicas –con qué creyente nos vamos a casar, qué empleo aceptar, qué ministerio apoyar– tendemos a olvidar que la Escritura tiene la respuesta. La mayoría de las veces consultamos a nuestros amigos en lugar de buscar la respuesta en la Palabra de Dios.

> LA VOZ DE LOS SANTOS: *"Cuando leas la Biblia, recibe y saborea sus palabras como una carta de amor de Dios para ti. Recuerda que la lees porque deseas conocer a Alguien. Medita lo que has leído y trata de aplicarlo a tu situación presente. Deja que penetre hasta lo más profundo de tu ser. Mientras lees, espera atento a que Dios esté en íntima comunión contigo".*
>
> BRUCE WILKINSON

En una ocasión integré una comisión junto a una mujer con ideas tan diferentes de las mías que nos resultaba imposible trabajar juntas. Pedí consejo a todas las personas que conocía pero no lograba resolver el problema. La tensión entre nosotras era tan marcada que todos lo percibían. No me daba cuenta de que ni siquiera le había preguntado a Dios cómo solucionar el problema.

Doy gracias a Dios por su gracia. Un día elegí 1 Rey. como texto para mi estudio bíblico. El primer versículo que leí fue: "Entre Hiram y Salomón hubo paz, e hicieron un pacto entre ambos" (5:12). Puesto que yo quería que hubiera paz en esa relación conflictiva, inmediatamente leí el resto del relato para averiguar cómo habían logrado la paz aquellos dos hombres. Supe que Salomón, que estaba en plena construcción del templo, solicitó la ayuda del rey Hiram en aquello que él y su pueblo eran especialistas: cortar los cedros del Líbano. Hiram se sintió útil y apreciado, y así se alcanzó la paz.

Armada con la palabra precisa de Dios para la situación en la que me encontraba, fui confiada a la siguiente reunión. Comencé la sesión con un reconocimiento de las fortalezas de esta mujer y le asigné una tarea acorde con sus capacidades. El resultado fue una paz igual a la que hubo entre Salomón e Hiram. Dios me habló a través de su Palabra, obedecí y recibí bendición.

Aprendí que si dedico tiempo a leer detenidamente, meditar y reflexionar sobre la Escritura, el Espíritu Santo ilumina los textos con poder sobrenatural de modo que me revelan lo que Dios espera que haga. Si me encuentro en una situación particularmente complicada y no estoy segura de cómo debo actuar, comienzo mi lectura de la Biblia con una oración en la que expongo claramente mis necesidades y le pido al Espíritu Santo que me dé instrucciones precisas a partir de la lectura de la Palabra. No siempre responde tan rápido como me gustaría, pero siempre atiende las peticiones de sus hijos a su debido tiempo.

Cuando Dios revela su voluntad, debemos asegurarnos de estarlo escuchando, atentos a su voz. Sube el volumen de tus oídos espirituales en ese instante en que un pasaje atrae tu atención de un modo impactante y de inmediato dirige tus pensamientos a buscar qué relación tiene con una situación concreta de tu vida. Cuando esto ocurre, es porque así lo preparó el Espíritu Santo. Dios te habló.

Cuando "de la nada" viene a mi mente un texto bíblico que está directamente relacionado con algún problema que estoy enfrentando, he aprendido a no desecharlo como una simple coincidencia. Por el contrario, confío que el Espíritu Santo está obrando en mí para revelarme algo más acerca de Dios y de cómo Él espera que yo me comporte. Cuando logro discernir sus instrucciones, entonces mi responsabilidad es aplicar ese texto a mi vida sin demora y obedecer.

Si te resulta difícil discernir la voz de Dios, quizá deberías preguntarte si la causa será que, aun sabiendo lo que debes hacer, sigues luchando para no obedecer. Si así fuera, te aviso que no eres el único. Todos los creyentes enfrentan esta misma lucha. La Biblia muestra que hasta a los santos más fieles y consagrados les resultaba difícil hacer siempre lo que sabían que era correcto. Pablo relata su lucha en Rom. 7:15-19 (TLA):

> "La verdad es que no entiendo nada de lo que hago, pues en vez de lo bueno que quiero hacer, hago lo malo que no quiero hacer. Pero, aunque hago lo que no quiero hacer, reconozco que la ley es buena. Así que no soy yo quien hace lo malo, sino el pecado que está dentro de mí. Yo sé que mis deseos egoístas no me permiten hacer lo bueno, pues aunque quiero hacerlo, no puedo hacerlo. En vez de lo bueno que quiero hacer, hago lo malo que no quiero hacer".

Recuerda que tu cuerpo, tu mente, tu voluntad y tus emociones no serán perfeccionados hasta que te encuentres con Cristo en la eternidad. Hasta que llegue ese momento, siempre habrá una brecha entre lo que el Espíritu nos indica que debemos hacer y lo que nuestro cuerpo y nuestra mente quieren hacer. La pregunta es cómo manejar nuestros cuerpos y mentes que frecuentemente quieren hacer lo contrario de lo que Dios nos pide. Primero, debemos reconocer que nuestros cuerpos son "instrumentos de justicia" (Rom. 6:13) para la gloria de Dios. En consecuencia, presentamos esos instrumentos a Dios para que Él los use según su propósito. Segundo, llenamos nuestra mente con la Palabra viva de Dios que penetra hasta lo más profundo del alma y, literalmente, cambia nuestros deseos, nuestra manera de pensar y de sentir. Tercero, podemos confiar en la promesa de Heb. 8:10 y Fil. 2:13. En ambos pasajes Dios le promete a su pueblo que a partir del nuevo pacto, Él producirá en nosotros "así el querer como el hacer, por su buena voluntad". La maravillosa obra del Espíritu en nosotros hace que nuestros deseos coincidan con sus deseos, de modo que queramos hacer lo que Él nos pide.

Todo mi ser

La primera vez que quedé embarazada, Jerry y yo estábamos sorprendidos y maravillados. Observaba con gran interés los cambios en mi cuerpo y disfrutaba al sentir que una vida nueva crecía dentro de mí. Sin embargo, hubo un cambio en mi cuerpo que no fue del todo agradable: nació en mí una pasión por el chocolate que nunca logré superar. Algo ocurrió alrededor del octavo mes de embarazo que cambió por completo mis gustos. Hasta ese momento, el chocolate nunca me había interesado mucho; ahora, ¡no me canso de comerlo!

La nueva vida en mi interior estaba cambiando mi paladar de manera asombrosa.

Cuando la nueva vida del Espíritu Santo ocupa tu ser, tus gustos cambian. Las cosas que antes considerabas importantes poco a poco dejan de interesarte, y comienzas a desear las cosas de Dios. Como este cambio *no es instantáneo sino gradual*, nuestro cuerpo y nuestra alma continúan enviándonos señales. A veces es difícil distinguir si estamos escuchando la voz del Espíritu o la nuestra. A fin de reconocer claramente la voz de Dios, necesitamos confirmar lo que oímos mediante la lectura de su Palabra para luego poder obedecer.

> LA VOZ DE LOS SANTOS: *"Obedecemos a Dios para colaborar con la obra que lleva a cabo en nosotros. Porque nos ama, quiere que nos parezcamos más a Él. De modo que está haciéndonos crecer en gracia … Obedecer significa que colaboramos con el proceso de transformación".*
>
> LOIS EVANS

La necesidad de disciplinar tu alma

El Espíritu Santo se vale de la Palabra para purificar nuestra alma (mente, voluntad y emociones) gradualmente, de modo que sintamos el deseo de hacer lo que agrada y honra a Dios. Con frecuencia el Espíritu te impulsa a hacer algo que no quieres hacer, algo que no suena muy razonable o que no deseas hacer, pero si te apegas a la Palabra, el Espíritu Santo hará que aceptes la manera de pensar de Dios.

Mi esposo estaba muy conforme con su empleo en una empresa, pero un día, repentinamente, se le cruzó una idea extraña: *Deja tu empleo y dedícate a trabajar con Priscilla*. La idea le pareció absurda. Hacía años que tenía un trabajo regular de ocho horas, con buen salario y beneficios, y con muy buenas perspectivas de ascender en la empresa. Dejarlo todo para trabajar por cuenta propia en un ministerio no era precisamente lo que tenía ganas de hacer.

Igual que le sucedió a mi esposo, a menudo tu alma es lo que te impide ser receptivo a las cosas de Dios. Tu mente y tus emociones no te dejan oír lo que Dios quiere que hagas e incluso pueden hacer que ignores el camino que Él te indica.

Dios había puesto esta idea en la mente de Jerry y, al cabo de un tiempo, se sorprendió al darse cuenta de que mientras estudiaba la Palabra de Dios, sus ideas y sentimientos con relación a su empleo iban cambiando. Descubrió con asombro que ya no se sentía satisfecho con el trabajo que había disfrutado durante tantos años. Es más, comenzó a pensar que era absurdo seguir en ese empleo cuando Dios le ofrecía la oportunidad de dedicarse por completo a trabajar por el Reino. Han pasado cuatro años, y Jerry no tiene ningún interés en retomar el trabajo que tanto había disfrutado en el pasado.

> LA VOZ DE LOS SANTOS: *"El Señor graba su ley en nuestro corazón y en nuestra mente para que la aceptemos con las emociones y el intelecto de modo que nos sintamos motivados a obedecerla en lugar de sentirnos obligados".*
>
> HANNAH WHITALL SMITH

El Espíritu Santo actúa de manera constante a fin de santificarte y cambiar tu personalidad para que coincida con el designio que tiene para ti. Cuanto más te entregues a Él y seas transformado conforme a la imagen de Cristo, menor será la brecha entre lo que Él quiere y lo que tú quieres.

El libro de Santiago nos explica cómo lograr que nuestra alma esté acorde con nuestro nuevo espíritu. Las instrucciones son sorprendentes teniendo en cuenta que el texto está dirigido a los creyentes: "Despójense de toda inmundicia y de la maldad que tanto abunda, para que puedan recibir con humildad la palabra sembrada en ustedes, la cual tiene poder para salvarles la vida" (Sant. 1:21, NVI).

El versículo dice que aunque nuestro espíritu experimenta un nuevo nacimiento cuando somos salvos, el alma necesita ser renovada. El Espíritu obra incansablemente para que esto ocurra pero nosotros debemos colaborar.

Oye la voz de Dios a través de su Palabra y Él te transformará de manera radical. Este es uno de los aspectos más increíblemente sobrenaturales en nuestra relación con Dios: su Espíritu nos hace diferentes de modo que sentimos deseos de hacer las obras que le agradan. Me siento sumamente agradecida por creer en un Dios al que no servimos por obligación sino más bien por amor.

Puede que percibas o no que algo está sucediendo, pero te aseguro que cuando dedicas tiempo a meditar en la Palabra de Dios, un tremendo proceso de renovación se pone en marcha, y es tu alma la que se renueva. Bajo la superficie ¡sucede mucho más de lo que jamás imaginaste!

Dios también obra para que le entregues tu cuerpo; Él quiere todo tu ser. Cuando el Espíritu Santo descendió sobre ti, tu cuerpo se transformó en templo del Señor (1 Cor. 3:16). Sin embargo, a pesar de esta certidumbre, tu carne pecaminosa opondrá resistencia a cada paso.

La necesidad de disciplinar tu cuerpo

Ayer, después de una deliciosa comida, me ofrecieron una tentadora porción de pastel de chocolate. Sentía el estómago completamente lleno pero mi paladar parecía decidido a saborear el chocolate suave y cremoso. Aunque mi estómago dijo "no", la boca dijo "sí", de modo que comí el pastel, y me arrepentí casi de inmediato.

La diferencia entre lo que querían el estómago y la boca respectivamente, es un claro ejemplo de la lucha entre la carne y el Espíritu. Algo adentro nuestro –el Espíritu Santo– dice "no" porque trata de decirnos qué es lo mejor para nosotros, pero la carne que busca satisfacer su gusto dice "sí". Gálatas 5 explica que el espíritu y la carne están en lucha permanente.

Pablo ofrece la solución. En Rom. 12:1 nos enseña cómo obtener la victoria sobre nuestro cuerpo mientras nos esforzamos por seguir el camino que señala el Espíritu. Dice Pablo: "Presenten sus cuerpos como sacrificio vivo y santo, aceptable a Dios" (NBLH).

Observa que Pablo no les dice que tendrán que pelear una dura batalla para alcanzar la victoria en esta área. Simplemente les dice que entreguen sus cuerpos a Dios. Por medio de Jesucristo, ya les fue otorgada la victoria como un don (1 Cor. 15:57). Dios está obrando; solo deben colaborar entregándole sus cuerpos voluntariamente.

Esto es algo que solo tú puedes hacer. Debes estar convencido de que Dios te dio cada parte de tu cuerpo no para tu propia gratificación sino para que la uses como "instrumento de justicia" (Rom. 6:13). Ofrécele tus manos para realizar su obra, tus pies para andar en sus sendas y tus oídos para escuchar lo que tiene para decirte.

En una ocasión, un misionero africano le contó a un grupo de gente que cada mañana, antes de levantarse para servir en el ministerio al que Dios lo había llamado, se presentaba delante de Dios y extendía su cuerpo atravesado sobre la cama, como sacrificio puesto sobre el altar. Comenzaba su jornada diciendo: "Señor, en este día me presento ante ti como tu instrumento. Hoy, soy un sacrificio vivo para ti".

LA VOZ DE LOS SANTOS: *"Creo en la enseñanza de Rom. 12:1-2. Si presento mi cuerpo delante de Él como sacrificio vivo, y ya lo hice, y estoy siendo transformado mediante la renovación de mi mente, entonces puedo comprobar –verificar– cuál es su voluntad. Dios me mostrará lo que es bueno, agradable y perfecto para mí".*

KAY ARTHUR

La necesidad de consagrarnos a la lectura de la Palabra

Si tienes un serio interés por aprender a discernir la voz de Dios, debes encarar el estudio de la Palabra con igual seriedad. En círculos cristianos casi se ha vuelto algo común animarse unos a otros a "tener un tiempo devocional" pero, en realidad, es mucho más importante de lo que imaginan. Cuanto más nos sumergimos en la Palabra, mejor podemos alinear nuestros pensamientos, emociones y decisiones con lo que el Espíritu Santo trata de decirnos.

Día a día, desde todo lugar imaginable, nos bombardean con mensajes que contradicen las verdades de Dios. Si no hacemos el esfuerzo consciente de resistir esos mensajes llenando nuestra mente con la Escritura, nuestras almas acabarán conformándose a los estándares del mundo en lugar de a los de Dios. Cuantos más pasajes de la Escritura guardes en tu corazón, mayor oportunidad tendrá el Espíritu Santo de recordártelos instantáneamente para que verifiques cómo debes actuar.

LA VOZ DE DIOS: *"En mi corazón he guardado tus dichos, para no pecar contra ti".*

SALMO 119:11

Hace poco hablé frente a un grupo de mujeres sobre la necesidad de dedicarle tiempo a la Palabra de Dios regularmente. Al finalizar, una mujer se acercó a hablarme; se sentía tan desanimada que estaba a punto de llorar. Además de esposa y madre de cuatro hijos, tenía un empleo de tiempo completo. Le parecía imposible dedicarle tiempo suficiente a la Palabra de Dios para que esta tuviera un impacto significativo en su vida. Comprendo perfectamente cómo se sentía, y seguramente tú también. La mayoría de nosotros sentimos que no tenemos tiempo para meditar en la Escritura. Repetiré lo que le dije a aquella mujer.

Si te resulta difícil apartar un tiempo para estar a solas con Dios, te propongo comenzar de una manera muy sencilla. Elije un versículo cada semana y escríbelo en dos tarjetas. Pega una tarjeta en el espejo del baño y otra en el volante del automóvil, o en otro sitio bien visible. Cada día durante siete días ten presente este versículo en la mente y el corazón mientras te lavas la cara, te cepillas los dientes, haces recados o cumples alguna otra tarea cotidiana.

Medita en él todo el día y pídele al Señor que te hable y te enseñe en cualquier lugar donde te encuentres: en el parque con los niños, sentada frente al escritorio, pelando papas para la cena o preparándote para asistir a una reunión. A lo largo del día pídele que te muestre claramente qué aplicación tiene este versículo en las situaciones que te toca vivir. Anota las veces que Dios usa el versículo para guiarte en tu vida diaria. Al cabo de una semana, ese versículo estará grabado en tu corazón, y comprobarás cómo Dios usa su Palabra para hablarte de manera personal.

Recientemente estuve estudiando el libro de Job. El capítulo 28 habla sobre la búsqueda de la sabiduría, y los vv. 23 y 24 dicen: "Sólo Dios sabe llegar hasta ella; sólo Él sabe dónde habita. Él puede ver los confines de la tierra; Él ve todo lo que hay bajo los cielos". Este es el versículo que pegué en el espejo del baño esta semana. Fue así que cuando estaba muy preocupada porque hacía varias semanas que no encontraba mi álbum de fotografías preferido, el Espíritu Santo me ayudó a pensar en estos versículos y relacionarlos con lo que me sucedía. En lugar de seguir buscándolo, acepté la verdad encerrada en esas palabras y le pedí a Dios su ayuda y sabiduría. Esa tarde, al regresar a casa después de hacer algunas compras, encontré el álbum ¡sobre mi almohada! Mi esposo lo había encontrado al cambiar algunos muebles de lugar. Dios recompensó mi decisión de confiar en el consejo de la Escritura de manera tan sorprendente que dejó en mí una huella imborrable. En adelante, cuando tenga que enfrentar problemas mucho mayores, recordaré que: "Si Dios atiende pequeñas necesidades como esta, estoy segura de que también puedo contar con Él en las situaciones más difíciles".

Cada vez que oigo la voz del Señor hablándome con absoluta claridad a través de su Palabra, como en este caso, me invade una alegría indescriptible. Cuando lo oigo, sé que Dios está invitándome a unirme a Él para llevar a cabo su propósito y sus acciones extraordinarias. Siento un asombro permanente ante este libro tan antiguo que me brinda instrucciones tan claras para el presente. De todo corazón, desearía poder sentarme contigo para transmitirte la pertinencia de la Palabra de Dios para tu vida hoy.

Si verdaderamente quieres saber cómo discernir la voz de Dios, debes verificar a la luz de la Escritura todo lo que crees oír de parte de Dios. La Biblia no es un antiguo libro cargado de textos teológicos que debemos dilucidar; es la Palabra viva de Dios. Cuando la lees, debes sentir el aliento de Dios que llega hasta ti mientras el Espíritu Santo la aplica a tu situación particular, aunque se trate de algo muy concreto o muy personal.

Santiago estaba tan convencido del poder de la Palabra de Dios para guiarnos en el correcto discernimiento de la voz de Dios que escribió: "Pero el que mira atentamente en la perfecta ley, la de la libertad, y persevera en ella, no siendo oidor olvidadizo sino hacedor de la obra, este será bienaventurado en lo que hace" (Sant. 1:25). Piensa por un instante: un libro antiguo nos guía en forma concreta y apropiada para que nosotros, hoy, alcancemos bendición. ¡*Eso sí* que es fabuloso!

¿CÓMO SABES QUE ES LA VOZ DE DIOS?

"Sé que el Señor me habla cuando leo: 'No te desampararé ni te dejaré' (Heb. 13:5). Siento la frase como una mano sobre mi hombro. La Biblia es para Dios lo que el guante para el cirujano; Dios se vale de ella para tocar lo más profundo de nuestro ser. Cuando la ansiedad corroe mi paz interior, leo este pasaje: 'No se inquieten por nada; más bien, en toda ocasión, con oración y ruego, presenten sus peticiones a Dios' (Fil. 4:6, NVI). Estas palabras hacen brotar un suspiro del alma. No intentemos tomar ninguna decisión, sea grande o pequeña, sin antes sentarnos delante de Dios con la Biblia abierta, y el corazón y los oídos también abiertos, para poder decir como Samuel: 'Habla, que tu siervo escucha' (1 Sam. 3:10)."

MAX LUCADO

6

Una voz persistente

"Dios ha dicho muchas veces: Soy un Dios poderoso."

Salmo 62:11 (TLA)

Cierto día mi vecina llamó a la puerta de mi casa. No estaba de humor para socializar ni estaba vestida para recibir visitas, así que me quedé en mi habitación y traté de ignorar el llamado. Supuse que al no obtener respuesta, se iría después de golpear a la puerta un par de veces. Pero no fue así; siguió golpeando con fuerza a pesar de que yo no atendía su llamado. Al cabo de algunos minutos que parecieron eternos, de mala gana, fui a abrir la puerta.

¡Y cuánto me alegré de haberlo hecho! Había venido a avisarme que veía salir humo del costado de mi casa. Le agradecí muchísimo su persistencia hasta lograr hablar conmigo.

Cuando Dios tiene un mensaje para nosotros, es muy persistente. No se limita a transmitir el mensaje una vez para luego marcharse diciendo: "No importa; supongo que está muy ocupada en este momento".

En tu búsqueda para poder oír la voz de Dios en las situaciones concretas que ahora enfrentas, pregúntate lo siguiente: "¿Qué señales persistentes recibí últimamente? ¿Qué siento en mi interior que Dios me pide que haga, y de qué manera puedo corroborarlo exteriormente?"

Cuando sientes que Dios habla en tu interior y te confirma el mensaje desde el exterior, está atento a recibir sus instrucciones. Si notas que hay un mensaje consecuente que está corroborado por la guía del Espíritu Santo, la Escritura, lo que sucede a tu alrededor y por otras personas, presta mucha atención. Dios te está hablando de múltiples maneras para asegurarse de que recibas el mensaje.

> LA VOZ DE DIOS: *"He aquí, yo estoy a la puerta y llamo; si alguno oye mi voz y abre la puerta, entraré a él, y cenaré con él y él conmigo".*
>
> APOCALIPSIS 3:20

Dios continúa hablando

Con frecuencia relacionamos la cita de Apoc. 3:20 con el deseo del Señor de conquistar a aquellos que aún no creen en Él. Sin embargo, este pasaje estaba dirigido a la iglesia primitiva en Laodicea. Sus miembros eran creyentes, pero su relación con Cristo se había entibiado. Si bien el Señor los reprendió por el debilitamiento de su vida espiritual, también les dijo que seguía buscándolos, seguía golpeando a la puerta de sus corazones y seguía deseando una comunión más íntima con cada uno de ellos. Él quería una relación más profunda y estaba dispuesto a seguir llamándolos hasta que abrieran la puerta y lo dejaran entrar.

A través de toda la Escritura vemos cómo Dios llama insistentemente en su afán por lograr que los oídos sordos y los corazones endurecidos se vuelvan hacia Él. Nunca desiste en su propósito de ir en busca de los santos, aunque nosotros corramos en dirección opuesta. Persevera porque nos ama. El Espíritu Santo obra en nuestros corazones, en los corazones de las demás personas y en diversas circunstancias de nuestra vida para indicarnos en qué dirección debemos avanzar.

El texto en Job 33:15-21(NVI) muestra tan solo algunas de las muchas maneras en que Dios habló incansablemente en tiempos del Antiguo Testamento, sin claudicar jamás en su propósito de lograr que los seres humanos oyeran y prestaran atención a su voz.

- [Dios nos habla] "algunas veces en sueños, otras veces en visiones nocturnas" (v. 15)
- "Él nos habla al oído y nos aterra con sus advertencias" (v. 16)
- "Para apartarnos de hacer lo malo y alejarnos de la soberbia" (v. 17)

- "Para librarnos de caer en el sepulcro y de cruzar el umbral de la muerte" (v. 18)
- "A veces nos castiga con el lecho del dolor, con frecuentes dolencias en los huesos" (v. 19)
- "Nuestro ser encuentra repugnante la comida; el mejor manjar nos parece aborrecible" (v. 20)
- "Nuestra carne va perdiéndose en la nada, hasta se nos pueden contar los huesos" (v. 21)

En cada uno de estos ejemplos, el Señor preparó los acontecimientos de tal manera que su pueblo se diera cuenta de que Él les estaba hablando.

Su metodología está clara, ¿verdad? Dios no le habla al pueblo una única vez y luego dejar caer los brazos; por el contrario, persiste en su propósito. Prepara la situación a nuestro alrededor para que nuestra mente y nuestro corazón sean bombardeados permanentemente por su mensaje hasta que nos convenzamos de su veracidad.

¿No crees que debemos estar agradecidos de que Dios nunca se rinde con nosotros, aun cuando nos lleve un buen tiempo reconocer que Él nos está hablando? A mí me alegra que Dios sepa que no somos más que polvo. Él sabe que mientras estemos revestidos de este cuerpo de carne, no siempre oiremos correctamente su voz, y que cuando lo logremos, no habrá sido sino después de muchos intentos. Sin embargo, Dios usa cada uno de nuestros errores para enseñarnos algo más sobre cómo reconocer su voz cuando nos habla.

Dios usa pruebas circunstanciales para convencernos

Una de mis películas románticas favoritas es *Señales de amor* (en inglés, *Serendipity*). Es la historia de la relación entre un hombre y una mujer que acaban juntos a pesar de una increíble cantidad de circunstancias adversas. A cada paso, los hechos se confabulan para enfrentarlos con su destino: ser el uno para el otro. Por supuesto, como toda buena película romántica, finaliza con la pareja felizmente unida.

Entre el público de habla inglesa, el título de esta película –hallar algo por fortuna– se ha vuelto sinónimo de la palabra *destino*. Suele utilizarse para sugerir que las estrellas se alinearon de determinada manera para intervenir en lo que sucede y señalarle a la gente el camino a seguir. Mientras un no creyente lo atribuye al "karma" o a una "coincidencia", el creyente lo atribuye a Aquel que en el principio puso las estrellas en el lugar donde debían estar.

Los creyentes conocen y celebran que detrás de la casualidad o la fortuna se encuentra el Soberano que anhela hablar con nosotros y guiarnos en sus caminos. Muchas veces la manera en que Dios guía a los creyentes según su voluntad es a través de los pálpitos internos persistentes combinados con una confirmación externa. Dios obra en nuestras circunstancias para orientarnos en su dirección.

Nunca debes pensar que las circunstancias de tu vida no guardan relación con la voluntad de Dios. Están íntimamente relacionadas. Cuando buscas la dirección de Dios, siempre debes reflexionar sobre los hechos que Dios permite que ocurran en tu vida.

LA VOZ DE LOS SANTOS: *"Sé que el Señor me habla cuando interiormente siento que Él ha grabado algo en mi espíritu, y luego lo confirma a través de una persona o una circunstancia exterior".*

Tony Evans

Tiempo atrás, un año quizá, un amigo me envió un libro sobre la oración en silencio, que explica cómo un tiempo significativo de oración silenciosa puede ayudar a los creyentes a oír la voz de Dios. Me interesó sobremanera el viaje espiritual del autor y leí el libro dos veces. Sentí arder mi corazón e inmediatamente supe que el Señor me invitaba a experimentar su presencia de un modo completamente nuevo a través de la oración.

Poco después de haber completado la primera lectura, mi tiempo de estudio bíblico personal me llevó a leer Ecl. 5:1-2 (NBLH): "Guarda tus pasos cuando vas a la casa de Dios, y acércate a escuchar … No te des prisa en hablar, ni se apresure tu corazón a proferir palabra delante de Dios".

Tuve la impresión de que alguien furtivamente ¡había agregado un nuevo versículo a la Biblia! pues no recordaba haberlo leído antes. Las palabras del texto llegaron directo a mi corazón y se adueñaron de él. Estos versículos confirmaron el mensaje del libro que tanto me había interesado y la dirección en la que el Espíritu Santo parecía guiarme.

Pasados algunos días, mientras participaba en una reunión, una de las mujeres sentada a la mesa mencionó un retiro espiritual en el que próximamente participaría un grupo de mujeres de nuestra iglesia. Cuando le pregunté sobre los detalles, me dijo que sería un retiro de oración en silencio; las mujeres compartirían treinta y seis horas en silencio a la expectativa de oír la voz de Dios.

Fue tal mi sorpresa que dejé caer los papeles que tenía en la mano. A excepción del libro que había leído, nunca antes había escuchado hablar de una actividad de esta naturaleza. La verdad es que estaba convencida de que nadie entre mis conocidos querría hacer algo tan extraño como lo que yo me sentía impulsada a hacer.

Algunas semanas más tarde, recibimos un llamado de la cadena Fox Network en la oficina. Estaban trabajando en la producción de un programa sobre la oración contemplativa al que llamarían "Be Still" (Guarda silencio). Me invitaron a colaborar en este proyecto pensado para ayudar a la audiencia estadounidense a reconocer la importancia de pasar un tiempo en silencio en presencia de Dios. De inmediato supe que Dios quería que participara en este proyecto, y comprobé que estaba usando circunstancias de mi vida para mostrarme en qué dirección debía avanzar en lo personal y lo ministerial. Sabía que me estaba hablando directamente a mí.

¿Será que todo fue fruto de una feliz coincidencia? ¡Pues no lo creo! Dios prepara todos los acontecimientos para salir a nuestro encuentro y hablarnos.

LA VOZ DE LOS SANTOS: *"Sé que el Señor me está hablando cuando lo que oigo queda confirmado por personas consagradas que Él ha puesto en mi vida. También sé que es Él quien me habla cuando lo que escucho y me siento impulsado a hacer no puede ser realizado sin su ayuda, su protección y su guía. ¡Dios solo habla sobre cosas que obran para su gloria!"*

OBISPO KENNETH ULMER

Dios nos habla allí donde estamos

Nos resulta más fácil creer que Dios solo prepara las cosas buenas de nuestra vida, pero la Escritura está llena de ejemplos de personas que experimentaron el encuentro con Dios que más radicalmente cambió sus vidas mientras estaban en lugares donde no querían estar:

- Moisés cuidaba un rebaño de ovejas en medio del desierto (Ex. 3:1)
- Daniel estaba en el foso de los leones (Dan. 6:20)
- Jonás estaba en el vientre de un gran pez (Jon. 2:1)
- Juan el Bautista estaba en prisión (Luc. 3:20)
- Lázaro estaba en la tumba (Juan 11:17)

Lo mismo sucede hoy. Incluso las situaciones más difíciles pueden ser la vía a través de la cual nos llega su voz con toda claridad. Hace poco tiempo, viví una muy mala experiencia y allí encontré a Dios.

Me alegré mucho cuando me invitaron a hablar en Orlando, Florida, porque eso nos permitía a mi esposo y a mí llevar a nuestros hijos y pasar un par de días en *DisneyWord* antes de la conferencia. Una vez en el parque, los niños estaban jugando en un área pequeña y cercada, donde había toboganes, módulos para trepar, y juegos acuáticos adaptados para los más pequeños. Disfrutaban explorando estos miniparques temáticos, y los padres nos sentíamos tranquilos sabiendo que había una única vía de entrada y de salida.

Mi esposo fue a buscar algo para comer y yo, cómodamente instalada en un banco en el sector Winnie Pooh, observaba cómo mis hijos entraban y salían de la cascada y atravesaban el túnel. Jackson descubrió un juego con trepadoras y toboganes en el otro extremo del parque y en un instante trepó y se deslizó por el tobogán aterrizando muy risueño en el césped artificial. Una y otra vez trepó por uno de los lados y se dejó caer por el tobogán. Casi en seguida, Jerry (h.) descubrió el juego y con pasos todavía inseguros, intentó subir por la escalera.

Yo sabía que no podría hacerlo solo, pero no quería privarlo de la diversión así que dejé mi lugar, rodeé el juego y lo ayudé a trepar. Subí la escalera con él, caminé por el puente que desembocaba en el tobogán, lo senté en mi falda y nos deslizamos juntos. Lo disfrutó muchísimo.

Apenas demoramos unos minutos, y tan pronto bajamos por el tobogán traté de ubicar a Jackson. Imaginé que estaría preparándose para deslizarse una vez más así que miré en dirección a los módulos superiores, pero no estaba allí. Lo busqué en la parte posterior, pero allí tampoco estaba. Lo llamé varias veces sin obtener respuesta. Me asomé a los túneles y busqué en las cascadas; Jackson no aparecía.

Tomé a Jerry (h.) en brazos para mayor seguridad mientras seguía buscando a Jackson y sentía que el corazón me latía cada vez más rápido. Corrí hasta la parte posterior del parque para poder ver todo el predio. Comencé a preguntarles a las madres que estaban sentadas allí cerca si habían visto a mi hijo. Nadie lo había visto. Una a una se fueron levantando para ayudarme a buscarlo, y muy pronto los padres de todos los demás niños estaban buscando a Jackson.

El encargado de ese sector del parque se acercó para ayudar y me hizo todas las preguntas que una madre jamás desearía escuchar: "¿Cómo está vestido? ¿Dónde lo vio por última vez? ¿Cuál es su nombre de pila?" Con cada pregunta, yo sentía que el pánico se apoderaba de mí. No pude contenerme y rompí en llanto. No encuentro palabras para describir el miedo que sentía. Cada minuto que pasaba, más me convencía de que nunca volvería a ver a

Jackson. Le rogué a Dios con un fervor hasta entonces desconocido, que trajera a Jackson de regreso.

Al cabo de 15 minutos lo encontraron. Cuando yo fui a ayudar a su hermano, pensó que me había ido del parque y salió a buscarme. Aunque ahora estaba a salvo, las lágrimas seguían corriendo por mis mejillas mientras abrazaba a mis dos hijos y agradecía a Dios Padre por su misericordia y protección.

Entonces el Señor me habló: *Priscilla, ¿puedes imaginar lo que significó para mí tomar la decisión de separarme de mi propio hijo para salvarte a ti?* Nadie conoce el tormento que sufrió el Padre cuando "al que no cometió pecado alguno, por nosotros Dios lo trató como pecador, para que en él recibiéramos la justicia de Dios" (2 Cor. 5:21). Pero en aquel momento, a causa de la horrible separación y la angustia desgarradora experimentada, al menos podía comenzar a imaginar cómo se sentiría. Creo que Dios permitió que viviera esa terrible experiencia para que comprendiera en profundidad la inmensidad de su amor por mí.

No es casual que hoy estés en el lugar donde te encuentras. A veces la voz de Dios se oye con más claridad cuando estamos viviendo situaciones que no nos agradan. Hay algo en tu situación presente que Dios se propone usar para acercarte más a Él y enseñarte algo sobre sí mismo y sobre su plan para tu vida. Sea cual fuere la dificultad que enfrentas, pídele a Dios que abra tus oídos a lo que Él tiene para decirte en medio de esa situación.

¿Te disgusta tu trabajo? ¿Tienes problemas en tu matrimonio? ¿Te preocupa seguir soltero? Ten confianza en que Dios tiene un plan y que usará esta etapa de tu vida como catalizador para revelarte su plan. Pídele que te ayude a ser consciente de su presencia para que puedas ver su accionar en cada dificultad que debas enfrentar.

Antes que desear casarse en lugar de seguir soltero, dedicarse por completo al ministerio en lugar de trabajar en una empresa, asistir a una iglesia numerosa en lugar de una pequeña, estar casado con alguien salvo en lugar de un no creyente, antes que desear ninguna cosa, más bien presta atención a lo que Dios tiene para decirte en tu situación presente. No malgastes tiempo ni energías en deseos; ocúpate de mirar y escuchar. Pídele al Señor que te abra los oídos para que puedas oír lo que Él tiene para decirte allí donde te encuentras.

LA VOZ DE DIOS: *"Ahora bien, sabemos que Dios dispone todas las cosas para el bien de quienes lo aman, los que han sido llamados de acuerdo con su propósito".*

ROMANOS 8:28

Dios nos habla en tiempo presente

Durante años Kimberley había esperado una oportunidad para trabajar en el ministerio. A través del estudio de la Biblia y de la guía del Espíritu se había sentido llamada a dedicarse al ministerio con damas, y deseaba dar conferencias para mujeres en todo el país. Durante varios años presentó su deseo delante del Señor en oración, y hasta llegó a preparar un folleto y lo envió a las iglesias, pero obtuvo muy poca respuesta.

Entre tanto, su hija de 16 años tenía un gran número de amigas que regularmente se reunían en su casa. Durante sus reuniones, con frecuencia la incluían a Kimberley en las conversaciones sobre temas espirituales. Una mañana, mientras tenía su tiempo devocional, Kimberley cayó en la cuenta de que este grupo de jóvenes eran las mujeres que Dios quería que ministrara. Él había despertado su pasión por el ministerio con mujeres, y las mujeres que debía ministrar ¡estaban sentadas en la sala de su casa!

LA VOZ DE LOS SANTOS: *"Uno de los mejores consejos que recibí fue: 'Da el siguiente paso'".*

ELISABETH ELLIOT

Dios es el Dios del *ahora*. No quiere que nos lamentemos por el ayer ni nos preocupemos por el mañana. Quiere que nos concentremos en lo que nos dice y pone frente a nuestros ojos en este preciso momento. La voz del "enemigo" pone el énfasis en el pasado y en el futuro, pero la voz de Dios pone el énfasis en el presente. La voz de Dios nos dice lo que podemos hacer ahora; la voz de Satanás nos dice lo que podríamos hacer "si tan solo…".

¿Esperas que las cosas cambien antes de tratar de discernir la voz de Dios? De ser así, quizá ese sea precisamente el motivo por el cual no se producen los cambios. Él espera que escuches su voz ahora mismo. Recibirás las instrucciones para la próxima etapa al servirlo fielmente en esta situación presente.

¿Sientes que el estudio de la Biblia es infructuoso? ¿Su voz te parece distante? Continúa estudiando; sigue escuchando. Cuando Dios se manifieste en alguna circunstancia de tu vida, alábalo y confía en que lo sucedido es parte de su plan para ti. Él te permitió reconocer su actividad para mostrarte el plan que tiene para tu vida. Te invito a que te hagas las siguientes preguntas:

- ¿Qué cosas han inquietado mi espíritu insistentemente en este último tiempo?

- ¿Qué acontecimientos han reforzado lo que siento que Dios me está pidiendo que haga?

- ¿Qué manifestación de la acción de Dios veo en mi vida?

- ¿Qué me dice Dios en medio de la situación que estoy viviendo?

- ¿Qué acciones llevaré a cabo ahora mismo como consecuencia de lo que escucho decir a Dios?

Caminar siguiendo la voluntad de Dios para tu vida implica dejarse guiar por el Espíritu paso a paso. ¿Deseas oír la voz de Dios revelándote su voluntad para tu vida? Pues piensa qué te ha pedido que hagas *ahora mismo*. Esa es su voluntad. Observa en qué dirección te guían las circunstancias y pregúntate: "¿Qué debo hacer ahora?" Y hazlo. Dios se hará cargo a partir de allí.

Una de las maneras más sencillas de discernir la voz de Dios es prestar atención a los mensajes que nos hace llegar desde el exterior, y que confirman el mensaje que oímos en nuestro interior. El Espíritu Santo obra en nuestros corazones, en los corazones de las demás personas, y en diversas circunstancias de nuestra vida para señalarnos el camino hacia Dios. Se vale de todas estas cosas para ayudarnos a oír y obedecer su voz. Dios te llama insistentemente porque espera que dirijas tu atención y tus acciones hacia Él. Las circunstancias de tu vida son clara evidencia de que Dios está hablándote para pedirte que dejes lo que estás haciendo y subas a bordo. Presta atención y, sin demora, toma la decisión de obedecerlo.

¿CÓMO SABES QUE ES LA VOZ DE DIOS?

"Cuando escucho la misma cosa de dos o tres personas diferentes en un breve período de tiempo, sé que el Señor me está hablando. Tan claro como si recibiera una carta por Federal Express."

STEVE FARRAR

TERCERA PARTE

Dios revela su naturaleza

"Con amor eterno te he amado,

por eso te he atraído con misericordia."

JEREMÍAS 31:3 (LBLA)

"*Con amor eterno te he amado ... te he atraído [hacia mí]*." Escucha lo que dice la Palabra: Nada puede separarnos del amor de Dios; esta es su promesa para nosotros. Y porque nos ama, uno de sus mayores anhelos es darse a conocer entre nosotros. Quiere que tengamos una relación más íntima con Él. Es asombroso pensar que el Dios que creó los cielos y la tierra desea entablar una relación de amistad con nosotros.

La Escritura no nos enseña tácitamente a discernir la voz de Dios aunque sí nos guía en la adquisición y práctica de disciplinas que nos acercan mucho más a Dios y nos animan a tener una relación más personal con Él. La Biblia nos enseña a buscar a Dios, orar sin cesar, meditar en la Palabra y escuchar. Los pasajes de la Escritura dejan ver que una relación íntima y fluida con el Todopoderoso nos ayuda a percibir su voz con mayor claridad. La consecuencia natural de conocer mejor a Dios será una mejor comunicación con Él.

Al apegarte más a Dios, lograrás conocer mejor su naturaleza. Al saber más sobre Dios y estar más convencido de la verdad sobre quién es Dios y qué puede hacer, crecerá tu deseo de obedecerlo y hacer lo que te pide. Llegamos a conocer a Dios cuando su carácter se manifiesta ante nosotros a través de su Palabra, su Espíritu y nuestras experiencias con Él.

En tiempos del Antiguo Testamento había una barrera entre Dios y sus fieles. Solo el sacerdote podía entrar detrás del velo y presentarse delante de Dios. Sin embargo, Dios hizo un nuevo pacto con su pueblo mediante la muerte de Cristo en la cruz. Ya no existen barreras entre Dios y los creyentes. Por medio del Espíritu Santo que habita en nosotros podemos disfrutar de una comunión nunca antes conocida con el Rey.

La voz de los santos:

"Sé que el Señor me habla cuando abrigo un sentimiento claro y constante en mi corazón, a menudo confirmado por una promesa o una afirmación de la Palabra de Dios, acompañado por una sensación de 'rectitud' y de paz cuando obedezco. A través de los años aprendí que soy mucho más receptivo a su voz cuando busco estar en íntima comunión con Él".
CRAWFORD LORITTS

7

Una voz reveladora

"Les daré un corazón que me conozca, porque yo soy el Señor."

JEREMÍAS 24:7 (NVI)

En julio de 2006, Jerry y yo estábamos haciendo planes para adquirir una propiedad para nuestro ministerio. La toma de decisión nos preocupaba y le pedimos a Dios que nos guiara con claridad. Dos días antes de firmar el contrato, una mujer a quien no conocíamos vino a hablar con nosotros. Nos ofreció vendernos una propiedad más cara que la que habíamos pensado comprar pero con una tasa de interés más razonable. A pesar de que perdería algunos miles de dólares, nos dijo que Dios le había mostrado con absoluta certeza que esa propiedad debía destinarse a la obra *"Going Beyond Ministries"*.

Nos alegró mucho el ofrecimiento de esta propiedad, pero nuestra alegría más profunda residía en lo que esta experiencia había revelado sobre el carácter de Dios. A través de este hecho Él nos mostraba su fidelidad. Recibimos mucho más que claridad y dirección con respecto a la compra; obtuvimos una clave divina para comprender mejor a Dios.

Cuando Dios habla, su voz es reveladora porque Él desea fervientemente que lo conozcamos. En realidad, de eso trata precisamente la salvación: conocer a Dios. Dijo Jesús: "Y esta es la vida eterna: que te conozcan a ti, el único Dios verdadero, y a Jesucristo, a quien has enviado" (Juan 17:3). Dios no quiere que te limites a *oír* cosas sobre Él o de parte de Él; quiere que *experimentes* su presencia en tu vida porque solo así podrás llegar a *conocerlo*.

Cuando Dios te indica que hagas algo y tú obedeces apoyándote en lo que conoces sobre Él, hace que tu relación deje de ser meramente intelectual para convertirse en una relación *vivencial* que te permita conocerlo mejor. Conforme vayas avanzando y pases de poseer conocimientos sobre Dios a experimentar a Dios, y luego, a conocer a Dios, más fácil te resultará reconocer su voz.

LA VOZ DE LOS SANTOS: *"Conocer un poquito de Dios vale más que tener una enorme cantidad de conocimientos sobre Él"*.

J.I. PACKER

Los atributos de Dios

En la Escritura, el nombre de una persona, además de identificarla, representa una característica de su personalidad. Lo mismo se aplica a Dios. En la Biblia, Dios recibe muchos nombres que nos ayudan a conocerlo. En las diferentes circunstancias surgen distintos nombres de Dios, y esto no ocurrió solo en tiempos bíblicos sino que también ocurre en nuestra realidad presente. Cuando Jerry y yo aceptamos la dirección de Dios en la situación que estábamos viviendo, experimentamos su compañía como *Yahvéh-Jireh*, Jehová nuestro proveedor. Otros creyentes en situaciones diferentes experimentan otros atributos de Dios.

Cuando el huracán Katrina azotó Luisiana, la casa de Nancy y Jeff quedó completamente destruida. No obstante, a diferencia de muchos otros damnificados, ellos no perdieron miembros de su familia durante la tormenta, y se sintieron bendecidos. A pesar de contar con recursos limitados, sentían que Dios los impulsaba a atender a las familias que habían perdido a sus seres queridos. No parecía del todo lógico ponerse al servicio de los demás cuando ellos mismos necesitaban ayuda, pero esta idea continuaba fija en su mente.

Mientras oraban y leían la Biblia buscando la voluntad de Dios, Él les habló del amor que sentía por ellos, y eso les dio la confianza que necesitaban para hacer lo que les pedía. Decidieron obedecer la voz de Dios seguros de que, por más disparatado que les pareciera a los demás, eso les permitiría experimentar la presencia de Dios de una manera real y personal. Sabían que Él iría delante de ellos y que su bondad y misericordia los acompañarían. De modo que avanzaron en obediencia para dedicarse a ayudar a miles de personas que habían quedado desamparadas a causa de la tormenta.

Desde aquel momento, Nancy y Jeff han experimentado la guía amorosa de un Dios que suplió todas sus necesidades de un modo que jamás hubieran imaginado; desde recibir una vivienda sin costo hasta oportunidades laborales que les permitieron recomponer sus finanzas. Ahora no solo conocen sobre Dios sino que lo experimentaron en su vida. Al buscar un encuentro con Dios en la situación que les tocaba vivir, llegaron a conocerlo como *Yahvéh Rohi*, Jehová nuestro pastor.

> LA VOZ DE DIOS: *"Jehová es mi pastor, nada me faltará. …*
> *Ciertamente, el bien y la misericordia me seguirán todos los días*
> *de mi vida, y en la casa de Jehová moraré por largos días".*
>
> SALMO 23:1,6

Dios se revela de maneras diferentes según la situación que nos toca vivir. Esto significa que quienes atraviesan las situaciones más difíciles seguramente aprenderán mucho más sobre Él. Habría que andar mucho para encontrar alguien que estuviera en peor situación que la que atravesó Job. En poco tiempo, este hombre justo perdió todo: familia, fortuna y salud. En medio de su terrible sufrimiento, Job intentó hablar con Dios.

Más precisamente, intentó discutir con Dios; Job *exigía* que alguien le diera una explicación por todo lo que le ocurría. Dios guardó silencio durante algún tiempo y se limitó a escuchar a algunos amigos de Job que decían lo que *ellos* sabían sobre Dios, aunque estaban equivocados en la mayoría de sus juicios. Finalmente Dios habló. El Señor se dio a conocer en medio de las circunstancias que rodeaban a Job para que Job pudiera verlo tal como Él es. Mediante una serie de preguntas, le reveló a Job todo lo que necesitaba saber sobre Él: su poder, su justicia, su omnisciencia y su soberanía (Job 38–41).

Job captó el mensaje. Cuando Dios acabó de hablar, Job dijo: "He sabido de ti sólo de oídas, pero ahora mis ojos te ven. Por eso me retracto, y me arrepiento en polvo y ceniza" (Job 42:5-6, LBLA).

Job tenía conocimientos *sobre* Dios, pero la situación que le tocó vivir, a pesar de lo agobiante, lo llevó a *conocer a Dios*. El Señor es *El-Shaddai*, el Todopoderoso. ¿Acaso habrá sido este el propósito de Dios, desde el comienzo, al permitir el sufrimiento de Job? Es decir, ¿habrá querido ayudar a Job a pasar de un conocimiento puramente intelectual a un conocimiento vivencial? Yo creo que sí. Dios nos revela sus atributos porque quiere que lo conozcamos; si no conocemos la naturaleza de Dios, obedecerlo se torna más difícil, cuando no imposible. Cuanto más conocimiento y convicción tengas de quién es Dios y lo que puede hacer, mayor será tu disposición a obedecer sus mandamientos.

El propósito de Dios

Cuando tomé el teléfono para llamar al Dr. Blackaby, me proponía descubrir el secreto detrás de una vida tan consagrada como la de este sorprendente hombre de Dios y recoger sus ideas sobre cómo discernir la voz de Dios.

Comencé haciéndole la siguiente pregunta: "Sr. Blackaby, ¿cómo sabe con certeza que el Señor le está hablando?" Como si fuera una conversación entre viejos amigos, me habló de verdades maravillosas mientras yo tomaba nota tan rápido como podía. Al finalizar, se despidió con estas palabras: "En realidad, Priscilla, ¡es bastante sencillo! Cuanto más conoces a Dios, mejor preparado estás para discernir su voz".

Al meditar sobre sus palabras durante los días siguientes, comencé a comprender qué importante es conocer a Dios para poder reconocer su voz cuando nos habla.

Mi hermano, Anthony Evans (h.), es la viva estampa de mi padre. Además de llevar su nombre, tiene el mismo timbre de voz. Esto le ha permitido gastar bromas en numerosas ocasiones. Algunas personas llegan a hablar por teléfono con mi hermano durante algunos minutos antes de darse cuenta de que no se trata de mi padre. Yo misma tuve oportunidad de observar cómo logra hacerse pasar por mi padre, engañando incluso a personas muy allegadas.

El apóstol Pablo nos advierte que Satanás se hace pasar por ángel de luz (2 Cor. 11:14). Deliberadamente habla para que su voz suene como la del Espíritu Santo. Sin embargo, por mucho que lo intente, su voz jamás sonará como la voz del Padre, y cuanto más íntima sea nuestra relación con Dios, menos tardaremos en reconocer quién está hablando. Para reconocer el engaño de Satanás lo único que necesitamos es pasar tiempo en íntima comunión con la Verdad. Cuando Dios habla, su voz revela los mismos atributos que Él revela en su Palabra.

A pesar del asombroso parecido entre la voz de mi hermano y la de mi padre, ¡mi hermano no logra engañarme! Pocos segundos en el teléfono son suficientes para saber exactamente quién está al otro lado de la línea. El tiempo que pasé con ellos me permite reconocer las pequeñas pero significativas diferencias entre una voz y la otra.

Dios quiere que tengamos una relación tan íntima con Él que la voz de Satanás jamás pueda engañarnos. Si nuestra prioridad es conocerlo a Él, la consecuencia inmediata será que lo oiremos con más nitidez, discerniremos su voz y recibiremos dirección para nuestra vida.

Las prioridades de Dios

Si queremos discernir la voz de Dios, debemos convertir sus prioridades en nuestras prioridades. La pregunta de Pablo cuando se encontró con el Resucitado en el camino a Damasco fue: "¿Quién eres, Señor?" (Hech. 9:5). Tiempo después escribió: "Opino que nada tiene valor comparado con la inapreciable ganancia de conocer a Jesucristo como Señor. Por ganar a Cristo todo lo he dejado a un lado y lo considero basura" (Fil. 3:8, BAD).

Nada, afirma Pablo, tiene valor comparado con conocer a Dios, ni siquiera oír su voz y conocer su voluntad. Por más valiosas que sean, nunca fueron el objetivo principal de Pablo porque el apóstol sabía que si conocía a Dios, lo demás vendría por añadidura. Desde el comienzo de su relación con Cristo, Pablo supo establecer correctamente las prioridades.

Detente por un momento para hacer un balance personal. ¿Será posible que no llegues a discernir la voz de Dios porque, de alguna manera, pasaste por alto la necesidad de saber quién es Él verdaderamente? Mi conversación con el señor Blackaby hizo que me cuestionara mis prioridades. ¿Estaba más interesada en descubrir la voz de Dios que en descubrir a Dios mismo? ¿Había convertido el conocimiento de su voluntad en algo más importante que conocerlo a Él? No tardé en darme cuenta, con la reconfortante convicción que solo Dios puede dar, que había enfocado mi búsqueda en la dirección equivocada.

> LA VOZ DE LOS SANTOS: *"Quienquiera busque a Dios como un medio para alcanzar los fines deseados, no encontrará a Dios. El Dios poderoso, el creador del cielo y de la tierra, no será uno más de nuestros tesoros, ni siquiera el tesoro más importante. Él será todo en todos o no será nada".*
>
> A.W. TOZER

A menudo lo que más nos interesa saber es adónde quiere Dios que vayamos y qué espera que hagamos, o incluso ¡qué está dispuesto a hacer por nosotros! Nos sentimos más inclinados a buscar la dirección o la bendición de Dios que buscarlo a Él. Sin embargo, Dios quiere que aprendamos a discernir su voz como consecuencia de conocerlo *a Él*. Cuando conocer a Dios se convierte en tu prioridad, Él te revelará verdades sobre sí mismo que te indicarán qué camino seguir y en qué momento debes hacerlo, y como consecuencia de todo ello recibirás bendición.

El rey David expresa este principio con claridad "Con todo mi corazón te he buscado" (Sal. 119:10). Estas apasionadas palabras provienen de boca de alguien que acaba de describir las circunstancias angustiantes que rodeaban su vida: su familia lo despreciaba y el rey de Israel lo buscaba para matarlo; se había hundido en el pecado y no lograba oír la voz de Dios sino solo su silencio; los malvados prosperaban mientras los hijos de Dios fracasaban. No obstante, a pesar de todo, la preocupación principal de David era conocer a Dios.

David no centraba su atención en las situaciones que enfrentaba ni en lo que esperaba que Dios hiciera al respecto, sino en Dios mismo. Su decepción con relación a las circunstancias a su alrededor nunca fue tan profunda que le impidiera tratar de conocer a Dios. Incluso cuando sintió que Dios había dejado de hablarle, y no podía imaginar la razón, siguió sintiendo en su corazón una pasión irresistible por ir en busca de Él.

Seguramente conoces esos tiempos en que buscamos algo fuera de Dios porque estamos en un período de transición donde parece que nada sucede, y nos da la impresión de que Dios no nos habla, de modo que abandonamos su búsqueda. Esto es señal de que estás más interesado en lo que Dios va a hacer por ti que en tener comunión íntima con Él. Para discernir la voz de Dios, debes ordenar tus prioridades. Antes que ninguna otra cosa, debes ocuparte de tener a Dios, conocer su gloria y establecer una relación íntima con Él.

> LA VOZ DE LOS SANTOS: *"No hay manera más apacible de vivir en el mundo que a través de una permanente comunión con Dios. Solo quienes la han experimentado pueden comprenderlo. Sin embargo, no les aconsejo que la lleven a la práctica con el solo propósito de recibir consuelo en medio de los problemas. Antes bien, búsquenla porque Dios así lo desea, y por amor a Él".*
>
> EL HERMANO LAWRENCE

Las responsabilidades de Dios

David finalizó el v. 10 del Sal. 119 con estas palabras: "No dejes que me desvíe de tus mandamientos". Observa que le asigna a Dios la responsabilidad de cuidar que él, David, no se aparte de su divina voluntad. Lo que el versículo dice es: "Dios, por favor, ¡no dejes que me aparte de tu voluntad!" Nuestra responsabilidad es conocer a Dios; su responsabilidad es no dejar que nos apartemos de su voluntad.

Cuando cruzo la calle con mis dos pequeños, los sostengo firmemente de la mano para asegurarme de que cruzarán sin riesgo. Precisamente porque son niños, no son ellos responsables de permanecer a mi lado sino que es mi responsabilidad, como madre, evitar que se alejen.

Habitualmente, esta tarea resulta más fácil con Jackson que con Jerry (h.). El mayor nunca suelta mi mano para ir en otra dirección sin mi consentimiento; con el menor, la historia es otra. A Jerry (h.) no le interesa contar o no con mi aprobación; cuando quiere cambiar de dirección, sencillamente se escapa tan rápido como se lo permiten sus piernitas.

Algunos de nosotros nos comportamos como Jackson en nuestra relación con Dios; no somos perfectos pero naturalmente nos sentimos inclinados a buscar la aprobación de Dios antes de salir corriendo en cualquier dirección. Otros, en cambio, nos escabullimos de su lado tan pronto algo llama nuestra atención. En ambos casos, Dios conoce nuestra manera de ser, y siempre que nuestra prioridad sea conocerlo, Él se hace cargo de sostenernos con firmeza para que no nos desviemos de su voluntad.

¿Buscas con ansias conocer la voluntad de Dios para tu vida? ¿Te sientes esclavizado porque no puedes dar un solo paso sin temor a apartarte de su voluntad? En ese caso, esta verdad hará que te sientas libre: *Es responsabilidad de Dios hacer que lo oigas y que reconozcas su voz*. Él quiere revelarte su voluntad, y la Escritura muestra de manera incontrastable que así lo hará:

- Prov. 3:6: "Reconócelo en todos tus caminos y él hará derechas tus veredas".

- Fil. 3:15 (NVI): "Así que, ¡escuchen los perfectos! Todos debemos tener este modo de pensar. Y si en algo piensan de forma diferente, Dios les hará ver esto también".

- Fil. 2:13 (NVI): "Pues Dios es quien produce en ustedes tanto el querer como el hacer para que se cumpla su buena voluntad".

Escuchen las palabras del salmista en el Sal. 37:4 (NVI): "Deléitate en el Señor, y él te concederá los deseos de tu corazón". Una vez más encontramos la promesa de Dios de dirigir nuestros deseos en la dirección de su voluntad si nosotros nos abocamos a deleitarnos en Él.

Muchos de nosotros suponemos que Dios hace cuanto está a su alcance para impedir que descubramos su voluntad. Pues no es así en absoluto; Él hace todo lo posible para revelar su voluntad y ¡lograr que tú la sigas!

Si continúas buscando a Dios, Él seguirá ayudándote a comprender quién es y cuál es su voluntad para ti. Al estudiar su Palabra, presta atención a su voz reveladora. Pregúntate: "¿Qué enseña este pasaje sobre el carácter de Dios?" Haz que tu meta sea conocerlo a Él; busca a una Persona en lugar de buscar un plan; busca una relación en lugar de un mapa de ruta. Al acercarte más a Dios, verás que Él se revela con mayor claridad, y la consecuencia lógica de conocerlo mejor será una mayor capacidad de discernir su voz.

¿CÓMO SABES QUE ES LA VOZ DE DIOS?

"Sé que el Señor me habla cuando lo que oigo es coherente con lo que sé sobre Él. Recuerdo que en una ocasión alguien me contó algo que había dicho mi esposo, Keith. No era algo malo, pero sencillamente no parecía algo que hubiera dicho él. Tiempo después supe que se trataba de otro Keith Moore; en mi interior yo sabía que no había sido la persona que amaba. De igual modo podemos sentir en nuestro interior: 'Eso no es de mi Dios'. Debo conocer muy bien a Dios y su Palabra para reconocer qué cosas 'suenan' como dichas por Él y cuáles no. Dios nunca contradice su Palabra ni su naturaleza".

BETH MOORE

8

Una voz apacible

"Yo les he dicho estas cosas para que en mí hallen paz."

JUAN 16:33 (NVI)

Cuando mi padre era un predicador joven en Dallas, el Señor le dio una visión para el ministerio. Tony Evans estaba convencido de que Dios quería que su pequeña iglesia fuera dueña no solo del edificio donde se reunían a adorar sino de todas las propiedades en esa calle, a fin de que la iglesia pudiera ministrar a la comunidad a través de los comercios en esa zona. Muchos en la congregación no creyeron que fuera posible porque no había dinero para comprar esos terrenos.

A pesar del descreimiento de algunos, mi padre siguió adelante en fe y obediencia, confiando en la acción extraordinaria de Dios. Y Dios actuó; hoy la Comunidad Bíblica de Oak Cliff (*Oak Cliff Bible Fellowship*) posee la calle en la que están sus instalaciones y también muchos de los comercios de la misma calle. Mi padre persistió porque la paz de Dios gobernaba su corazón, y esa paz le daba confianza de que lo que había oído venía de Dios y que eso era lo que Dios quería que hiciera.

LA VOZ DE LOS SANTOS: *"La paz y la verdad son los grandes temas de la revelación divina ... la verdad nos da dirección, la paz nos da calma y serenidad".*

MATTHEW HENRY

Poco antes de su muerte, Jesús reconfortó a sus discípulos asegurándoles que su paz seguiría acompañándolos aun después de su partida. Él quería que tuviéramos paz verdadera; una confianza serena y permanente que nada puede destruir ni debilitar porque está instalada en lo más profundo del alma. "La paz os dejo, mi paz os doy –les dijo Jesús y agregó–: Yo no os la doy como el mundo la da. No se turbe vuestro corazón ni tenga miedo" (Juan 14:27). El Señor les aseguró a los discípulos que si tenían paz *verdadera* no perderían la calma ni aun en las circunstancias más adversas.

Jesús consideraba la paz tan esencial que sus primeras palabras dirigidas a los discípulos después de la resurrección fueron: "¡La paz sea con ustedes!" (Juan 20:19, NVI). Después de mostrarles las marcas en sus manos y su costado, volvió a decir "¡La paz sea con ustedes!" (v. 21). Seguidamente sopló sobre ellos y les dio el don de paz en la persona del Espíritu Santo (v. 22). Cuando Dios te hable, reconocerás su voz porque el Espíritu Santo te dará confianza y serenidad mientras te guía a tomar decisiones que honran a Dios.

La paz es un don que recibes junto con la salvación. Es una de las maravillosas bendiciones de Dios para sus hijos. *Yahvéh Shalom*, Dios de Paz, es uno de los nombres que describe el carácter de Dios. Cuando aceptaste a Cristo como tu Salvador, recibiste el Espíritu Santo (Rom. 8:9), y el Espíritu Santo personifica la paz.

Cuando la paz reina en nuestros corazones

En el momento en que mi noviazgo con Jerry se encaminó hacia el casamiento, me sentí aterrada. Sabía que Jerry era una persona maravillosa y que sería un magnífico esposo, pero no confiaba en mi capacidad de aceptar las exigencias de la vida de casada. La verdad es que la idea de convertirme en esposa ¡me aterrorizaba!

Después de orar y pedir consejo a personas sabias, comencé a sentir que el Espíritu Santo me impulsaba a casarme con Jerry. A pesar de la falta de confianza en mí misma, seguí orando, y el Espíritu Santo hizo que me sintiera en paz y así pude confirmar que había oído su instrucción correctamente. Esto me permitió avanzar, confiada en que Dios me ayudaría a salir adelante aunque yo no me sintiera preparada para la tarea que debía realizar. Esa paz solo Dios la puede dar.

En el proceso de aprender a discernir la voz de Dios a través del conocimiento de su carácter, una señal para reconocer si es Él quien te habla es que sentirás paz con relación a las cosas que te pide que hagas. Incluso cuando te lances a realizar algo que parece imposible, si es parte de la voluntad de Dios, su paz acompañará tus pasos. Quizá no confíes en tu propia capacidad, pero confiarás en su poder.

Cuando recibes el Espíritu Santo, él sacude tu conciencia de su modorra espiritual y comienza a utilizarla para guiarte en el cumplimiento de la voluntad de Dios.

Cuando Pablo les dijo a los colosenses: "Que la paz de Cristo reine en sus corazones" (Col. 3:15, NBLH), quiso decir que la paz debe *gobernar* nuestra vida y no, simplemente, *formar parte* de ella. Debemos estar atentos para ver si la paz gobierna nuestra alma cuando decidimos actuar de tal o cual manera. No podemos perder la paz que Dios nos da como cristianos, pero si consideramos hacer algo que no agrada a Dios, la paz no reinará en nuestro corazón.

En el béisbol, el árbitro detrás de la base de meta es quien decide si un lanzamiento fue dentro o fuera de la zona de *strike*. El Espíritu Santo actúa como árbitro de nuestro corazón, y él decide si estamos dentro o fuera de la voluntad de Dios. Cuando obedecemos la voluntad de Dios, el Espíritu Santo confirma nuestras acciones dándonos paz interior. Cuando actuamos fuera del marco de su voluntad, perdemos esa sensación de serenidad.

Cuando percibas que se libra una lucha en tu corazón, presta mucha atención; Dios está hablándote. El Espíritu Santo está tratando de guiarte a tomar la decisión correcta. Nada es comparable a la sensación de paz que alcanzamos cuando decidimos entregarnos al Árbitro de nuestro corazón.

LA VOZ DE LOS SANTOS: *"Una sensación de paz me inunda, y así confirmo que lo que oigo es la voz de Dios. Tal vez atravesé períodos de confusión antes de alcanzar esa paz, pero una vez que me afirmo en lo que Dios quiere para mí, recibo confirmación mediante la paz que acompaña mi decisión".*

KAY ARTHUR

Cuando la paz reina en nuestras relaciones

En mi época de estudiante integré una excelente hermandad de jóvenes cristianas. El objetivo del grupo era brindar una alternativa a las estudiantes cristianas que no querían integrar hermandades seculares. Disfruté el tiempo que pasé con ellas, pero también quería unirme a otra hermandad en el campus. Muchas estudiantes de la hermandad cristiana sinceramente creían que Dios no aprobaba nuestra participación en otros grupos. Sin embargo, yo consideraba que era una cuestión de decisión personal y que el Señor me daba libertad para integrar otra hermandad, y así lo hice.

La onda expansiva originada por mi decisión afectó a la hermandad de estudiantes cristianas de un modo inesperado. Hubo personas que se sintieron heridas, surgieron cuestionamientos y motivos de preocupación. Lo peor fue que había muchas estudiantes recién convertidas que luchaban por entender mi comportamiento. Al mirar hacia atrás después de todos estos años, me doy cuenta de que aunque Dios me daba libertad de decisión, el ejercicio de mi libertad había sido causa de tropiezo para otras cristianas.

LA VOZ DE DIOS: *"En cambio, la sabiduría que desciende del cielo es ante todo pura, y además pacífica, bondadosa, dócil, llena de compasión y de buenos frutos, imparcial y sincera".*

Santiago 3:17

Uno de los temas más controversiales en la iglesia primitiva fue decidir si era correcto o no comer alimentos sacrificados a los ídolos. El apóstol Pablo enseñó que cada cristiano es libre de seguir su propia conciencia en este tema, pero también señaló un aspecto mucho más profundo: "Por lo tanto, esforcémonos por promover todo lo que conduzca a la paz y a la mutua edificación. No destruyas la obra de Dios por causa de la comida. Todo alimento es puro; lo malo es hacer tropezar a otros por lo que uno come. Más vale no comer carne ni beber vino, ni hacer nada que haga caer a tu hermano" (Rom. 14:19-21, NVI).

Pablo dice que buscar la paz y la edificación mutua es mucho más importante que una trivialidad como decidir qué comer. Presta atención a las palabras clave "ni hacer nada que haga caer a tu hermano". Antes de ejercer nuestras libertades, debemos pensar qué efecto tendrá esto en las personas que nos rodean. No puede ser la voluntad de Dios que nos comportemos de una manera que perjudique a otros creyentes. Cuando el Espíritu Santo nos hace ver que un hermano creyente puede resultar lastimado por lo que estamos a punto de hacer, nos está diciendo "¡No lo hagas ahora!" Esto no significa que hemos perdido esa libertad; simplemente no podemos disfrutarla en ese preciso momento. Cuidar que un hermano en la fe no tropiece está por encima de nuestras libertades individuales.

Al buscar ejercer tus libertades con prudencia, asegúrate de no obstaculizar el avance de los cristianos que están en un proceso de crecimiento espiritual. Tales personas han hecho más que aceptar a Cristo como Salvador, han dado muestras de estar caminando con Dios y creciendo en su relación con Él. Precisamente esa era la clase de muchachas que participaban en la hermandad de estudiantes cristianas; jóvenes que amaban al Señor y sinceramente buscaban conocer su voluntad con relación al tema. Ahora sé que fui piedra de tropiezo para ellas porque mi decisión sacudió su fe y su confianza en la relación con Dios.

Que reine la paz en nuestras relaciones es muy importante para Dios. Por lo tanto, podemos concluir que el Espíritu Santo no nos impulsará a hacer nada que, de alguna manera, atente contra la paz y la unidad en el cuerpo de Cristo. Esto no significa que los demás siempre estarán de acuerdo con lo que haces, pero sí implica que tu decisión no será motivo de tropiezo para otro creyente.

> LA VOZ DE DIOS: *"Hagan todo lo posible por vivir en paz, para que no pierdan la unidad que el Espíritu les dio".*
>
> EFESIOS 4:3 (TLA)

Una advertencia: Si no estás atento, el Enemigo puede hacer que la presión de mantener a salvo a tus hermanos creyentes se torne en una nueva forma de esclavitud para ti. Casi sin darte cuenta, habrás dejado de disfrutar de tus libertades porque estarás permanentemente preocupado por la manera en que eso afectará a otros.

Pablo usa la imagen de la "piedra de tropiezo" para mostrarnos cómo podemos evitarlo. La imagen evoca una persona que avanza pero de pronto pierde el equilibrio y cae porque alguien lo hizo tropezar. Esto significa que Dios quiere que alentemos y apoyemos a los que están creciendo en la fe, y no que les impidamos avanzar. En tu búsqueda de la dirección de Dios, pregúntate: "Si bien hay personas que pueden no estar de acuerdo con esta libertad que tengo, ¿hay alguien que puede resultar afectado en su crecimiento espiritual a causa de mis opciones?" Si así fuera, entonces decide sabiamente renunciar a tu libertad a fin de favorecer su crecimiento espiritual.

LA VOZ DE LOS SANTOS: *"Es fácil saber cuándo una iglesia o una familia están siendo guiados por una sabiduría falsa: verás celos, divisiones y confusión".*

WARREN WIERSBY

Cuando se quebranta la paz

La guerra es una realidad, y la Escritura muestra claramente que no se limita a las naciones o a los no creyentes. También los creyentes pelean, luchan y matan:

- Caín mató a Abel (Gén. 4:8)
- Absalón se rebeló contra su padre, David (2 Sam. 15:10)
- Los discípulos de Jesús discutieron sobre quién de ellos sería el mayor (Luc. 9:46)
- Evodia y Síntique no se hablaban (Fil. 4:2)

Si Dios nos llama a vivir en paz y nos da el don de la paz en el momento que somos salvos, ¿cómo explicamos estos hechos? Santiago dice que las guerras exteriores son consecuencia de la guerra desatada en el alma de los individuos. "¿De dónde surgen las guerras y los conflictos entre ustedes? –pregunta el apóstol–. ¿No es precisamente de las pasiones que luchan dentro de ustedes mismos?" (Sant. 4:1, NVI). Como decía un conocido personaje de historieta: "Hemos encontrado al enemigo, y el enemigo somos nosotros".

Una guerra civil se libra en nuestro interior cuando aquellas áreas no santificadas de nuestra alma luchan por satisfacer los deseos de la carne. Los no creyentes no lo pueden evitar; mientras estén en guerra con Dios, siempre estarán en guerra con sí mismos y con los demás. La naturaleza pecaminosa codicia y lucha y mata por obtener lo que quiere. Los creyentes, en cambio, tienen quien los ayuda: Dios mismo.

LA VOZ DE DIOS: *"¡Si tan sólo hubieras atendido a mis mandamientos!*

*Entonces habría sido tu paz como un río, y tu justicia como las
olas del mar".*

Isaías 48:18 (LBLA)

El Espíritu Santo se enfrenta con poder a nuestros deseos egoístas porque estos son incompatibles con lo que Él quiere que seamos y hagamos. La discordia y la rectitud son irreconciliables; no pueden coexistir. Pero si hemos de tener paz, debemos colaborar con el Espíritu, y esto puede no ser fácil. Pablo dice que debemos esforzarnos por promover todo lo que conduzca a la paz (Rom. 14:19, NVI). Santiago es más concreto, y en 4:7-10 dice:

- Sométanse a Dios (Obedézcanlo)
- Resistan al diablo (No se dejen engañar por las mentiras de Satanás)
- Acérquense a Dios (Honren a Dios por lo que Él es)
- Límpiense las manos (Dejen que la sangre de Cristo purifique su conciencia)
- Purifiquen su corazón (Dejen que la verdad de su Palabra santifique sus intenciones)
- Aflíjanse, lamenten y lloren (Arrepiéntase sinceramente de su pecado)
- Humíllense (Reconozcan su dependencia de Dios)

Estas instrucciones ya deberían resultarnos conocidas. Son precisamente las cosas que nos preparan para escuchar a Dios y nos permiten discernir su voz. Si estás dispuesto a cumplirlas, el poder del Espíritu Santo te ayudará a hacerlo, y entonces, el diablo huirá y Dios se acercará a ti. El Señor te purificará, te perdonará y te devolverá la paz.

La voz de Dios es apacible. Siempre te guiará hacia la paz interior y exterior, y las palabras que te dirija siempre irán acompañadas de una sensación de paz y seguridad.

¿CÓMO SABES QUE ES LA VOZ DE DIOS?

"Sé que el Señor me habla cuando experimento una paz total, y una sensación de rectitud en lo más profundo de mi ser. Aunque no percibo una voz audible, siento un 'sí' inconfundible en mi espíritu. Para confirmar que es la voz del Señor la que me guía y no mis propios deseos carnales, oro, leo la Escritura y comento lo que creo que Dios me reveló con alguien en quien confío. Si responde sin dudar: '¡Sí, por supuesto!', entonces sé que puedo avanzar confiada."

Liz Curtis Higgs

9

Una voz sincera

"Truena Dios maravillosamente con su voz.

Hace grandes cosas que nosotros no entendemos."

Job 37:5

Cuando era pequeña y mi madre debía dejarme en algún lugar un par de minutos, se agachaba frente a mí, me miraba directamente a los ojos, y me decía: "Priscilla, quédate aquí hasta que regrese. No vayas con nadie. No hagas caso si alguien te dice que lo envié a buscarte. No enviaré a nadie. Tú espera hasta que yo regrese".

Mi madre había dado su palabra y las instrucciones eran claras. No había necesidad de preguntar nada. Si alguien me decía algo contrario a lo que ella había dicho, sabía que no era verdad porque mi madre ya se había pronunciado sobre ese asunto, y ella cumplía su palabra.

Dios cumple su Palabra. Cuando leemos la Escritura es como si Él se agachara frente a nosotros y, tomando nuestro rostro entre sus manos, nos dijera: "Así soy yo, y esto es lo que voy a hacer. No dejes que nadie trate de mostrarte algo diferente. Debes creerme". Si alguien rehúsa guiarse por el conocimiento que Dios revela en la Escritura, jamás llegará a discernir la voz de Dios. Si ignoramos la Escritura, Él siempre será el Dios desconocido.

Una de las características distintivas de la voz de Dios es que siempre habla con la verdad. Nunca expresa algo contrario al carácter de

Dios ni a la Palabra escrita. Dios es el "Dios de la verdad" (Sal. 31:5, NVI), de modo que al oír su voz a través de su Palabra y del Espíritu Santo, puedes estar seguro de que siempre te conducirá hacia la verdad. En un mundo que cree que no existen parámetros absolutos para medir la verdad, el creyente decididamente acepta la Biblia como el único parámetro de validez absoluta. La verdad contenida en la Biblia no depende de cómo te sientes o qué piensas, porque lo creas o no lo creas, es la pura verdad.

> LA VOZ DE DIOS: *"Quien es sabio, que entienda estas cosas;*
> *quien es prudente, que las comprenda".*
>
> OSEAS 14:9 (LBLA)

La verdad absoluta de Dios

Mientras hablaba con Tara sobre su decisión de ir a vivir con su novio, sentí que perdía la paciencia. A partir de una serie de citas bíblicas sacadas de contexto y aplicadas en forma inapropiada, había armado una red de racionalizaciones para justificar sus acciones, y ahora con gran seguridad intentaba obtener mi aprobación.

Tara estaba segura de que Dios le había hablado y que no solo aprobaba su decisión sino también bendecía su unión con ese joven. Mientras la escuchaba, recordaba el momento en que Tara había aceptado a Cristo y los frutos espirituales que la salvación había producido en su vida. Como sabía que había recibido el Espíritu Santo, me preguntaba cómo podía estar tan equivocada a la hora de discernir la voz de Dios.

Posiblemente Tara se sintió guiada a tomar la decisión que había tomado, pero puedo asegurarte que no era el Espíritu Santo quien la guiaba. No pudo haber oído al Espíritu de la verdad porque el Espíritu solo transmite lo que escucha de parte de Dios. Y Dios nunca contradice lo que está escrito en su Palabra. Sin embargo, Tara había oído un mensaje decididamente contrario a lo revelado por Dios en la Escritura.

Todos hemos atravesado situaciones similares en algún momento de nuestra vida. Las circunstancias varían pero el problema es esencialmente el mismo: creemos estar seguros de haber oído a Dios decir algo que en realidad no dijo. ¿Cómo podemos distinguir su voz de nuestros deseos? La manera más sencilla es reconocer que lo que dice su Palabra es verdad.

Durante el tiempo que vivió en la tierra, Jesús repitió una y otra vez "Yo les digo la verdad". Cuando ya se preparaba para regresar al Padre, les dijo a los discípulos: "Pero cuando venga el Espíritu de verdad, él os guiará a toda la verdad" (Juan 16:13).

El término griego *verdad* en este versículo corresponde a una verdad del tipo "dos más dos igual a cuatro". Es decir, una verdad libre de prejuicios, fingimiento, falsedad o engaño. Cuando oyes la voz del Espíritu Santo puedes estar seguro de que lo que oyes es la verdad, toda la verdad y nada más que la verdad.

El Espíritu Santo que mora en ti nunca transmite mensajes que no sean revelación directa de parte de Dios; no crea mensajes por iniciativa propia. Los mensajes que él entrega provienen del Dios de verdad. El Espíritu Santo es el único que puede acceder a la verdad que Dios tiene para tu vida, y quiere compartir esta revelación contigo.

> LA VOZ DE DIOS: *"Ahora bien, Dios nos ha revelado esto por medio de su Espíritu, pues el Espíritu lo examina todo, hasta las profundidades de Dios. … Nosotros no hemos recibido el espíritu del mundo sino el Espíritu que procede de Dios, para que entendamos lo que por su gracia él nos ha concedido".*
>
> 1 CORINTIOS 2:10-12

Satanás, el gran embaucador, quiere convencernos de que la Escritura *no* es totalmente verdad. Pero creéme, si permites que el Enemigo logre su propósito, jamás llegarás a discernir con claridad la voz de Dios. Satanás quiere que crees tus propios parámetros de verdad, es decir, que seas selectivo y oigas solo lo que quieres oír. Una de sus principales estrategias es tentarte a reemplazar la verdad de Dios por tradiciones sociales o familiares. Esto es exactamente lo que Tara estaba haciendo.

Durante nuestra conversación descubrí que la mayoría de las mujeres de su familia habían vivido con su pareja antes de casarse. Ese era el modelo que había recibido y lo aceptaba como algo natural. Mi objetivo era ayudarla a ver que, sin importar cuán arraigada estaba en ella esa tradición familiar, de ninguna manera podía prevalecer sobre la verdad de Dios. Esto puede ser muy difícil de digerir para alguien formado con fuertes tradiciones familiares o culturales. Sin duda, fue difícil para el apóstol Pedro.

Según la tradición judía estaba prohibido comer determinados alimentos. Cuando Cristo vino, autorizó a sus seguidores a comer alimentos que hasta ese momento habían sido considerados impuros. Pablo le escribió a Timoteo: "Dios creó todos los alimentos para que nosotros los comamos y le demos las gracias por ellos. Los creó para todos los que confiamos en él y conocemos la verdad" (1 Tim. 4:3, TLA).

Los creyentes de origen gentil disfrutaban de la libertad que Cristo les daba para comer toda clase de alimentos, pero los creyentes de origen judío, acostumbrados a obedecer normas estrictas en materia de alimentos, se sentían culpables al comer ciertas cosas. Cierto día, mientras cenaba con un grupo de gentiles, Pedro comió algunos de estos alimentos. No hubo problema hasta que llegaron algunos amigos de su antiguo vecindario y vieron lo que estaba haciendo. De pronto, Pedro permitió que la tradición cultural prevaleciera sobre la verdad y se distanció de los gentiles con los que había estado compartiendo la cena. Pablo reprendió a Pedro por su hipocresía y le dijo que no andaba "rectamente conforme a la verdad del evangelio" (Gál. 2:14).

LA VOZ DE LOS SANTOS: *"La Biblia es el mensaje de Dios dirigido a todas las personas. Nos engañamos a nosotros mismos si decimos que queremos oír su voz pero desconocemos la vía principal a través de la cual Él se manifiesta: su Palabra. Debemos leer la Palabra y obedecerla; debemos vivir su Palabra, y eso implica releerla a lo largo de toda nuestra vida".*

ELISABETH ELLIOT

Puesto que las tradiciones modelan nuestro pensamiento, con gran facilidad confiamos en nuestra propia comprensión de los hechos y suponemos que es correcto actuar según lo que hemos aprendido o estamos acostumbrados a hacer. Pero el parámetro de verdad de Dios suele ser bastante diferente del que propone nuestra familia, nuestra cultura o incluso nuestra denominación. Sentirnos bien al hacer algo no alcanza para asegurar que estemos haciendo lo correcto; debemos someterlo a la prueba de la verdad revelada de Dios: Su Palabra. *Todo* lo que oigas contrario a la Escritura, no proviene de Dios.

Si en este momento estás luchando con una decisión y te sientes confundido porque no sabes si la voz que oyes es la voz del Espíritu de Verdad, pregúntate lo siguiente con respecto a lo que quieres hacer:

- ¿Es contrario a la verdad revelada en la Escritura?
- ¿Me hará caer en alguna clase de pecado?
- ¿Me llevará a encubrir mi pecado de manera hipócrita?

- ¿Le dará gloria a Dios al manifestar su maravillosa verdad a todas las personas involucradas?

Debes someter tu decisión a la Palabra de Dios y a su Espíritu; ese es el filtro que te permitirá saber si estás actuando de acuerdo con la voluntad de Dios.

> LA VOZ DE LOS SANTOS: *"Siempre podemos recurrir a su Palabra expectantes en actitud de oración … Debemos estudiar y conocer la Escritura a fin de que cada palabra de su testimonio nos instruya".*
>
> LEWIS SPERRY CHAFER

Bastiones contra la verdad

Una noche, mientras miraba un documental en televisión, me impactó la historia de una hermosa joven, víctima de abuso sexual en su niñez. Como consecuencia de esa traumática experiencia, crecieron en su interior terribles sentimientos de culpa y vergüenza. Estos sentimientos negativos alcanzaron tal magnitud que se convirtieron en "bastiones" de los cuales no podía escapar, y solo encontraba alivio en la automutilación. La estaban llevando literalmente a la destrucción.

Los bastiones son barricadas que levantamos en nuestra vida y que impiden que la voz de Dios llegue a nuestros oídos espirituales. Se construyen a partir de pensamientos rebeldes contrarios a la Palabra de Dios. En 2 Cor. 10:4-5, Pablo describe estas rebeliones como "fortalezas", "especulaciones" y "razonamiento altivo". El apóstol explica muy claramente que el propósito de estas fortalezas del enemigo es levantarse "contra el conocimiento de Dios".

Pablo quiere mostrar que estas fortalezas se levantan en nuestra alma como imponentes estructuras en contra del conocimiento de la verdad dada por Dios con total libertad. Son bastiones del diablo y, por lo tanto, están hechos de mentiras, así como Satanás ha sido mentiroso desde el comienzo. Si realmente deseamos discernir la voz de Dios, *debemos* derribarlos.

Con gratitud vemos que Dios nos ha provisto con las armas necesarias para esta tarea, pero ten presente que las armas no son tu capacidad personal ni los recursos de autoayuda. Recurrir a este tipo de armas sería como quitar la maleza sin destruir las raíces; la hierba crecerá nuevamente porque no aplicamos una solución que ataque el origen del problema.

Cuando enfrentas problemas carnales puedes pelear con armas carnales, pero cuando das batalla en el campo espiritual, necesitas armas divinas. Efesios 6:10-20 describe detalladamente la armadura espiritual que debemos vestir para ir a la batalla. Todos los artículos enumerados en el pasaje son de carácter defensivo excepto uno; el único elemento ofensivo es la espada del Espíritu: "Tomen la espada del Espíritu, que es la palabra de Dios" (v. 17). Para derribar las mentiras de Satanás debes confiar en las verdades de la Palabra de Dios.

- Cuando tus bastiones dicen: "Dios nunca podría amarte", tú respondes: "Él me ama con amor eterno" (Jer. 31:3)

- Cuando tus bastiones dicen: "Dios nunca te aceptará", tú respondes: "Soy aceptado por mi fe en Cristo" (Gál. 2:16)

- Cuando tus bastiones dicen: "Nunca lo lograrás", tú respondes: "Todo lo puedo en Cristo que me fortalece" (Fil. 4:13)

- Cuando tus bastiones dicen: "Eres desagradable", tú respondes: "Él está cautivado por mi hermosura" (Sal. 45:11)

Si dedicamos un momento a analizar algunos de los males que nos aquejan, es probable que podamos rastrear su origen hasta alguna fortaleza construida por el enemigo para levantar una barrera contra la voz de Dios. Una relación que nos hace daño puede originarse en la convicción profunda: "No merezco nada mejor". La dependencia de alguna sustancia puede surgir de la convicción: "Solo me siento bien cuando la tomo". El origen de un serio problema de peso puede ser una mujer convencida de que es incapaz de ejercer el autocontrol. El objetivo del enemigo es levantar en nuestra vida tal cantidad de bastiones que no solo nos sentimos fracasados sino que, además, perdemos nuestra capacidad interior de oír a Dios.

Para derribar estas fortalezas del enemigo es preciso que de manera consciente y sistemática dejes que las verdades de la Palabra de Dios gobiernen tus pensamientos. Le quitarás todo poder a esos bastiones si reemplazas las mentiras de Satanás por las verdades de la Escritura.

LA VOZ DE DIOS: *"La palabra del Señor es justa; fieles son todas sus obras".*

SALMO 33:4 (NVI)

No hace mucho una mujer joven llamada Libby me envió un correo electrónico para contarme sobre los problemas que sus "bastiones" le habían acarreado y cómo se había propuesto liberarse de ellos.

Libby había tenido una niñez complicada a raíz del fracaso matrimonial de sus padres, que finalmente acabó en divorcio. Mientras estuvieron casados, su padre cometió adulterio en reiteradas ocasiones. Durante su vida matrimonial y después del divorcio, tanto el padre como la madre usaron a Libby y a su hermano en sus intentos de manipular y lastimar al otro integrante de la pareja. Libby creció sintiendo que la trataban injustamente, se sentía abandonada y desprotegida, y fundamentalmente, no se sentía amada. Atormentada por sentimientos de baja autoestima y falta de confianza en sí misma, comenzó a padecer toda clase de problemas: trastorno alimentario, dificultad para establecer relaciones y depresión.

Sin embargo, Libby experimentó un cambio en su vida cuando conoció a Dios. Después de aceptar la obra de Jesucristo en su vida, logró sentir una paz que nunca antes había conocido. Al crecer en su relación con Él, sintió la necesidad de oír su voz con más claridad.

Libby se dio cuenta de que había fortalezas del enemigo que impedían su crecimiento espiritual. Bajo la guía del Espíritu, comprendió que necesitaba la Palabra de Dios en su corazón para defenderse del control que Satanás tenía sobre ella. Se impuso una rigurosa disciplina de memorización de textos bíblicos. Cada hora, a la hora en punto, repetía tres veces el mismo versículo. Muchas veces usaba el despertador para no olvidarse. Al finalizar la semana, escribía los versículos en una tarjeta y los archivaba por tema para futuras batallas.

Pasaron algunas semanas y Libby seguía luchando con sus problemas. Sin embargo, luego la esperanza fue sustituyendo a la depresión y una fortaleza santa comenzó a crecer en su interior. "Las mentiras apenas eran audibles y la verdad de Dios resonaba con fuerza —explicó Libby—. Su voz reemplazó a las voces destructivas en mi mente, y el Príncipe de Paz reclamó para sí mi corazón. Desde aquel momento he vivido una vida victoriosa en Él."

Ya no sufre los episodios depresivos que antes dominaban su vida. Ahora, cuando siente la amenaza de alguno de sus antiguos bastiones, lucha con la espada de la verdad. Su testimonio es el siguiente: "¡La Escritura es increíblemente poderosa!"

Libby tomó muy en serio la batalla que tenía por delante y dedicó tiempo y esfuerzo a destruir las fortalezas del enemigo en las que estaba atrapada.

La verdad de Dios es reconfortante

Igual que Libby, cuanto más familiarizado estés con la Palabra de Dios, mejor capacitado estarás para distinguir la voz del Padre de la voz del enemigo. En un mundo lleno de pecado y orgullo, no es fácil reconocer cuando es Dios el que habla. Sin embargo, dado que la Escritura es la vía principal a través de la cual se manifiesta, podemos estar seguros de que lo oiremos claramente si somos constantes en el estudio y la meditación de su Palabra.

Cuando te sientes lleno de dudas, sin saber qué hacer, qué pensar o a quién creerle, es un gran consuelo saber que puedes contar con la Palabra de Dios. Cuando Dios habla, cumple todo lo que dice; sus promesas son ciertas. Recuerda que cuando tomas la decisión de seguirlo en obediencia, guiándote por sus parámetros en lugar de los tuyos, Él jamás te defrauda. Verás gloriosos resultados que solo son posibles cuando confías en Dios como verdad absoluta.

¿CÓMO SABES QUE ES LA VOZ DE DIOS?

"Sé que el Señor me habla cuando lo que creo oírle decir queda confirmado por la Escritura. Una vez, cuando estaba en Inglaterra, pensé que tal vez debía ir a los bares y hablar con los jóvenes que se reunían allí. Pero me preocupaba mi reputación. ¿Qué pensaría la gente si me veía entrar en esos lugares? Traté de descubrir qué era lo 'correcto', no lo más 'cómodo', y encontré el texto de Filipenses 'Se rebajó voluntariamente' (Fil. 2:7, NVI). La voz apacible le dijo a mi alma: '¿Y tú por qué te preocupas tanto por tu reputación?' Y fui a los bares."

JILL BRISCO

10

Una voz potente

"La voz de nuestro Dios, Dios de la gloria,

retumba como el trueno sobre los grandes océanos.

La voz de nuestro Dios retumba con fuerza;

la voz de nuestro Dios retumba con poder."

SALMO 29:3-4 (TLA)

Las olas golpeaban con fuerza el costado del barco crucero, y mi familia y yo nos asíamos con fuerza a nuestros asientos para evitar ser arrojados de un extremo al otro de nuestro pequeño camarote. Nos encontrábamos en medio de una feroz tormenta y nuestra soñada vacación familiar estaba a punto de convertirse en una pesadilla. Olas de hasta doce metros sacudían el barco como si fuera una pequeña canoa. Acurrucada cerca de la ventana, lo único que llegaba a ver era el mar embravecido. Observaba con asombro cómo aquel mar tan calmo, de pronto se manifestó en toda su fuerza y potencia, poniendo en riesgo nuestra vida. El océano bramaba con autoridad y nosotros estábamos a su merced. Por primera vez comprendí el tremendo poder de las olas y el viento, y la fuerza aterradora del océano.

Aquel día, Dios usó la tormenta para darme una lección fundamental sobre su voz. El Espíritu Santo me recordó las palabras del

Sal. 29: "La voz de nuestro Dios retumba sobre los grandes océanos ... La voz de nuestro Dios retumba con poder".

Cuando Dios habla, su voz resuena con más poder y autoridad que las imponentes olas que empujaban nuestro crucero hacia uno y otro lado. Dios es quien domina al propio mar; Él es *Yahvéh Elohim*, Dios Omnipotente. Este nombre de Dios se usa más de 2500 veces en la Biblia, y representa su poder y autoridad para hacer que las cosas sucedan. Sin duda, Dios quiere que comprendamos que *todo* está a merced de su Palabra. Cuando Dios habla, se producen cambios.

LA VOZ DE DIOS: *"Tuya es, Jehová, la magnificencia y el poder, la gloria, la victoria y el honor; porque todas las cosas que están en los cielos y en la tierra son tuyas. Tuyo, Jehová, es el reino, y tú eres excelso sobre todos".*

1 CRÓNICAS 29:11

Mi amiga Peg experimentó el poder de la voz de Dios en una situación crítica que le tocó vivir. Durante un viaje de negocios fuera del estado, su esposo Bob sufrió un terrible accidente y fue hospitalizado con hemorragia cerebral grave. El neurocirujano le informó que era muy probable que su esposo no sobreviviera, y si lo hacía, era posible que perdiera el habla y la movilidad del lado derecho de su cuerpo.

Tan pronto tuvo noticias del accidente, Peg comenzó a orar. Estaba tan asustada que apenas podía articular las palabras, pero al clamar a Dios, Peg recordó lo que dice en Rom. 8:26: "El Espíritu nos ayuda en nuestra debilidad, pues qué hemos de pedir como conviene, no lo sabemos, pero el Espíritu mismo intercede por nosotros con gemidos indecibles". Y simplemente oró pidiendo que el Espíritu intercediera por Bob.

Sentada en el avión rumbo al hospital, Peg sentía su corazón latir con tanta fuerza que temió sufrir un ataque cardíaco. Sabía que si no lograba controlar sus emociones, no podría brindarle a su esposo la ayuda y la confianza que él seguramente necesitaba. Le pidió a Dios que le diera fuerzas y la tranquilizara, y en ese momento, escuchó con toda claridad una voz que decía: "Todo está bien".

Cuando Peg cuenta esta historia, dice que lo que ocurrió inmediatamente después fue como si alguien hubiera movido un interruptor dentro de su cuerpo. El ritmo cardíaco volvió a la normalidad, y experimentó una paz que nunca antes había sentido. Dios habló y, al instante, se produjo un cambio. Peg no sabía en aquel momento si "todo está bien" significaba que su esposo se recuperaría o si Dios le estaba asegurando su compañía y su autoridad, pero confió en la palabra de Dios y tuvo fe en que, sin importar lo que sucediera, todo estaría bien.

En la actualidad, Bob está completamente recuperado y saludable. Nada en él indica que alguna vez sufrió una lesión cerebral. Un médico que vio la tomografía computarizada un tiempo después del accidente, sacudía la cabeza asombrado: "Es un milagro –les dijo–, se ve la lesión en el cerebro, pero usted no presenta ninguno de los signos que uno esperaría encontrar". Peg y Bob no tenían ninguna duda de que se trataba de un milagro. Dios había hablado y su maravilloso poder se puso en evidencia.

Nada es igual después de que oímos su potente voz. Una mirada rápida a la Escritura revela lo que la voz poderosa de Dios puede hacer. Unos pocos ejemplos bastan para ver su poder:

- Creó las aguas (Gén. 1:7)
- Separó las aguas de la tierra seca (Gén. 1:9)
- Creó al ser humano del polvo (Gén. 2)
- Puso orden en medio del caos (Gén. 1)
- Calmó la tempestad (Mar. 4)
- Resucitó a un hombre (Juan 11)
- Hizo huir al Enemigo (Mat. 4)
- Llamó a la mujer que se escondía entre la multitud (Mar. 5)
- Perdonó los pecados en forma inmediata (Juan 8)

La manera en que los Evangelios relatan los milagros de Jesús, nos enseñan una importante lección sobre cómo discernir la voz de Dios y experimentar su poder de modo que le demos la gloria a Él. Analicemos una historia bíblica muy conocida en la que el poder de la voz de Dios se pone de manifiesto.

LA VOZ DE LOS SANTOS: *"Las cosas no cambian cuando le hablo a Dios; las cosas cambian cuando Dios me habla a mí. Cuando yo hablo, nada sucede; cuando Dios habla, el universo cobra vida".*

BOB SORGE

El impacto de la Palabra de Dios

Cuenta el Evangelio de Marcos que una noche, mientras Jesús y sus discípulos cruzaban el mar de Galilea, inesperadamente se desató una fuerte tormenta. Jesús dormía sobre una almohada en la popa, pero los discípulos entraron en pánico y lo llamaron. Cuando Jesús se levantó, "reprendió al viento y dijo al mar '¡Calla, enmudece!' Entonces cesó el viento y sobrevino una gran calma" (Mar. 4:39).

Una de las maneras más evidentes de diferenciar la voz de Dios de la voz del Enemigo es fijarnos qué efecto produce en nosotros y en las circunstancias a nuestro alrededor. La Palabra de Dios siempre produce resultados visibles. En tu búsqueda de discernir la voz de Dios, pregúntate si percibes un impacto notorio. Cuando Jesús calmó la tempestad, se produjo un cambio evidente. Una manera de comprobar que Dios habló es ver cambios radicales en nuestra vida.

En el apogeo del ministerio de Dwight L. Moody, miles de personas conocieron al Señor. Muchos, incluido el propio Moody, estaban maravillados al ver el fruto que sus mensajes producían en sus oyentes. Cuando le preguntaban sobre lo ocurrido, Moody siempre señalaba un encuentro sagrado que había tenido con Dios. Durante ese encuentro, Dios le habló directamente al corazón, y Moody experimentó un cambio de por vida. Siempre afirmaba que aquel encuentro con Dios fue el momento decisivo que marcó el comienzo de un ministerio revolucionario que produjo increíbles resultados.

Hace poco también yo fui testigo de un cambio revolucionario. Un domingo a la mañana, al finalizar el servicio religioso, se acercó a saludarme una ex compañera de la escuela secundaria. No había visto a Yvonne por más de diez años, así que no la reconocí de inmediato. En realidad, no había cambiado mucho físicamente, pero había algo marcadamente diferente en su aspecto. El recuerdo que tenía de ella era de una muchacha enojada, egocéntrica, que siempre establecía distancia entre ella y los demás. Nunca le había visto un gesto amigable ni una palabra amable; era dura e insensible. Sin embargo, ahora tenía ante mí a una mujer completamente diferente. Su rostro había cambiado, y la capa de hielo que antes parecía cubrirla había desaparecido. ¡Ahora Yvonne irradiaba calidez!

Hablamos brevemente, y durante esa conversación surgió la razón de ese cambio. Yvonne había oído la poderosa voz de Dios, y su enojo interior se había calmado. La voz de Dios había logrado en la vida de Yvonne lo que la voz de Jesús había logrado con las aguas encrespadas del mar de Galilea, y el cambio en su vida estaba a la vista de todos los que la conocíamos.

Aunque en ocasiones debemos esperar para ver el efecto de la palabra de Dios, muchas otras veces el impacto de su voz se percibe de manera inmediata. Cuando Jesús increpó al viento y al mar, estos se aplacaron *inmediatamente*. Cuando estés intentando discernir la voz de Dios, pregúntate lo siguiente: "¿Veo cambios rápidos?"

Cuando se producen cambios rápidos a mi alrededor sin que yo intervenga, sé que el Señor habló y se propone hacer algo. Cuando Dios comienza a moverse, los resultados son inmediatos y evidentes. Sabrás, más allá de toda duda, que Dios está llevando a cabo lo expresado a través de su palabra. Y es muy probable que los primeros cambios no afecten las circunstancias que te rodean, ¡sino a ti mismo!

LA VOZ DE LOS SANTOS: *"El Antiguo Testamento presenta la Palabra de Dios, la manifestación de su propósito, como palabra que tiene en sí misma el poder de hacer realidad ese propósito ... La Palabra de Dios es Dios en acción".*

J.I. PACKER

Michael llevaba cinco años de casado cuando su matrimonio comenzó a zozobrar. Sentía que el amor por su esposa se desvanecía. No era fácil convivir con ella, y su voz gruñona le alteraba los nervios. Michael puso su problema en manos del Señor y le pidió que le hablara en medio de su situación.

Hubo un día en el que Michael pasó varias horas intentando hallar a Dios y una solución que viniera de Él. Mientras buscaba en la Escritura, el Espíritu Santo le recordó el enorme y eterno amor que Dios sentía por él. Michael recordó que Dios había dado su vida por él a pesar de que él no lo merecía. Mientras el Espíritu Santo hablaba, Michael oyó la voz de Dios. Supo entonces que Dios le estaba pidiendo que amara a su esposa así como Dios lo amaba a él, con un amor absoluto e incondicional, y le pidió al Señor que lo ayudara a mirar a su esposa con los mismos ojos con que Dios lo miraba a él.

Al cabo de este tiempo en la presencia del Señor, Michael percibió un cambio. De inmediato vio a su esposa de una manera nueva. Ella era la misma y el matrimonio era el mismo, pero él era diferente. La voz de Dios lo había cambiado a *él*. Han pasado treinta y cinco años, y hoy Michael y su esposa son testimonio vivo de los cambios visibles e inmediatos que el poder de la palabra de Dios puede producir.

El propósito de la Palabra de Dios

Recuerda que el Espíritu Santo habla para glorificar al Padre; ese es su objetivo. Podemos reconocer que Dios habló cuando vemos operarse un cambio que nos lleva a nosotros y a otros a centrar nuestra atención en Él, a aprender más sobre Él y a alabarlo.

Cuando Jesús por medio de su palabra sanó a los enfermos, todos a su alrededor vieron el resultado de sus acciones, y los autores de los Evangelios relatan muchas ocasiones en que los testigos dieron gloria al Padre por lo que Jesús había hecho:

- Mateo cuenta que cuando por medio de la palabra de Jesús fue expulsado un demonio de un hombre mudo, y el hombre volvió a hablar "la gente se maravillaba y decía: 'Nunca se ha visto cosa semejante en Israel'" (Mat. 9:33)

- Marcos narra que cuando por medio de la palabra de Jesús fue liberado un hombre poseído por un espíritu maligno, "todos se asombraron, de tal manera que discutían entre sí, diciendo: '¿Qué es esto? ¿Qué nueva doctrina es esta, que con autoridad manda aun a los espíritus impuros, y lo obedecen?'" (Mar. 1:27)

- Lucas relata que cuando por medio de la palabra de Jesús fue curado un paralítico, "todos, sobrecogidos de asombro, glorificaban a Dios. Llenos de temor, decían: 'Hoy hemos visto maravillas'" (Luc. 5:26)

- Juan dice que cuando por medio de la palabra de Jesús recibió sanidad el hijo del centurión, este último "creyó … con toda su familia" (Juan 4:53)

Si bien eran muchos los que glorificaban a Dios por las poderosas obras de la palabra de Jesús, otros negaban que Jesús fuera Dios. Algunos afirmaban junto con los fariseos que "éste expulsa a los demonios por medio del príncipe de los demonios" (Mat. 9:34). Frente a esta incredulidad, Jesús en más de una oportunidad optó por la estrategia que le daba mayor oportunidad de manifestar el poder de Dios.

El relato de Lucas sobre la curación del paralítico cuenta que lo primero que Jesús le dijo al hombre fue: "Amigo, tus pecados quedan perdonados" (NVI). En seguida, los fariseos lo acusaron de blasfemia.

"¿Por qué razonan así? ¿Qué es más fácil decir: 'Tus pecados quedan perdonados', o 'Levántate y anda'? Pues para que sepan que el Hijo del hombre tiene autoridad en la tierra para perdonar pecados —se dirigió entonces al paralítico—: 'A ti te digo, levántate, toma tu camilla y vete a tu casa'. Al instante se levantó a la vista de todos, tomó la camilla en que había estado acostado, y se fue a su casa alabando a Dios" (Luc. 5:22-25, NVI).

Indudablemente, era más fácil para Cristo *decir* "tus pecados quedan perdonados". Cualquiera podría haberlo dicho, pero solo Cristo podía probar que era cierto, y decidió *hacerlo* escogiendo el camino más difícil: curó al hombre paralítico. Así demostró el poder y la autoridad de Dios en la tierra y dio mayor gloria al Padre.

> LA VOZ DE DIOS: *"Pido también … que sepan … cuán incomparable es la grandeza de su poder a favor de los que creemos. Ese poder es la fuerza grandiosa y eficaz que Dios ejerció en Cristo cuando lo resucitó de entre los muertos y lo sentó a su derecha en las regiones celestiales".*
>
> EFESIOS 1:18-20 (NVI)

¿Crees verdaderamente que la voz de Dios tiene poder suficiente para obrar de esta manera en tu vida hoy? Cuando reflexiones sobre lo que revela la Escritura sobre su poder y autoridad, no lo consideres una excepción a la regla sino más bien tómalo como ejemplo de lo que Dios *puede* hacer y *hará*.

La voz de Dios es potente, y Él quiere que tú lo llames confiado en que verás la manifestación de su grandeza. Solo Él tiene autoridad para llevar a cabo lo que necesitamos. Conforme reconozcas el poder de la voz de Dios, estarás mejor dispuesto a buscarla, a esperar escucharla y a obedecerla. El poder de su voz puede mantenerte a flote hasta en las peores tormentas que te toque atravesar.

¿CÓMO SABES QUE ES LA VOZ DE DIOS?

"Sé que el Señor me habla cuando su voz resuena con tanto poder que consuela, sana, instruye, corrige y da sabiduría en unas pocas palabras. En mi alma hay un vacío que anhela tanto llenarse de su Palabra que ninguna otra cosa lo puede satisfacer. Oír su voz es la línea de ayuda espiritual que mantiene viva mi comunión con Él. Oh, ¡cuánto amo oír su voz!"

PAT ASHLEY

CUARTA PARTE

Cómo descubrir el plan de Dios

Tú, Señor, eres mi lámpara;

tú, Señor, iluminas mis tinieblas.

2 Samuel 22:29 (NVI)

El guión fue escrito. El escenario está preparado. Los actores, cada uno en su lugar. El Director Celestial imparte instrucciones con absoluta claridad y cada integrante del elenco entra en escena bajo su guía. "Sigan la luz direccional –indica el Director–. Allí donde vean la Luz brillar, allí deben estar."

Nos explica que no debemos corrernos a la izquierda del escenario cuando la Luz indica hacia la derecha, ni lanzarnos al centro de la escena cuando la Luz ilumina el fondo del escenario. Quizá no logremos comprender cabalmente todos los movimientos, pero el Director nos anima a confiar porque él escribió la historia y sabe qué es lo mejor para cada personaje.

Al obedecer sus instrucciones no solo podremos desempeñar nuestro papel tal como fue pensado sino también contribuir a que otros se acerquen a la Luz. Y cuando caiga el telón, no habrá mejor saludo que estas palabras: "Bien, buen siervo y fiel" (Mat. 25:23).

La voz de los santos:

"Las personas con las que Dios no cuenta para nada son aquellas que se dejaron estar y permitieron que su espiritualidad se cubriera de moho; lo único que saben hacer es hablar de una experiencia que tuvieron hace veinte o treinta años. Pues esa experiencia no tiene ningún valor; debemos mantenerla viva todo el tiempo. Pablo nunca habló de 'la experiencia que una vez tuve' sino de 'la vida que ahora vivo'".

OSWALD CHAMBERS

11

Una voz que invita

"Nosotros somos creación de Dios. Por nuestra unión con

Jesucristo, nos creó para que vivamos haciendo el bien, lo cual

Dios ya había planeado desde antes."

Efesios 2:10 (TLA)

El pastor me miró desde el otro extremo de la mesa de la sala de conferencias y me dijo: "Priscilla, quiero que coordines la conferencia de mujeres en nuestra iglesia".

Sabía que el ministerio de mujeres de nuestra iglesia necesitaba un proceso de revitalización. Las damas parecían no demostrar interés en profundizar su relación con el Señor. Esto quedó demostrado porque cada vez menos mujeres participaban en los programas destinados al crecimiento espiritual. Me emocionaba que Dios me permitiera intentar poner nuevamente en marcha sus corazones a través de una conferencia que incluiría adoración y estudio de la Biblia.

Nombré una comisión y comenzamos a hacer planes. Cuando la noticia llegó a otras comunidades, rápidamente comenzamos a recibir llamados de ministerios de mujeres en muchos otros lugares, incluso de otras ciudades y estados. Mi primera reacción fue concentrarme en el plan inicial de preparar una conferencia solo para las mujeres de nuestra iglesia, pero continuamos recibiendo llamados. Se iba haciendo cada vez más evidente que otras mujeres que no pertenecían a nuestra congregación necesitaban lo que nosotras estábamos ofreciendo.

La comisión y yo habíamos pasado meses planificando este evento, y no estábamos preparadas para hacer frente a la afluencia de visitantes. Sin embargo, volví a poner el asunto delante de Dios en oración para buscar su voluntad. Muy pronto vi con claridad que los planes y los propósitos de Dios ¡eran mucho más grandes que los míos! La conferencia tiene ya cuatro años, y cada vez cerca de cuatro mil mujeres de diferentes denominaciones se reúnen para pasar un par de días en la presencia del Señor. El impacto de este ministerio no deja de asombrarme. Si hubiera ignorado el plan de Dios y me hubiera aferrado tercamente al mío, mi iglesia hubiera perdido una maravillosa oportunidad de ministrar a mujeres de otros lugares. Me pregunto, además, cuántas damas habrían perdido la oportunidad de un encuentro significativo con Dios.

Dios tenía un propósito y un plan formulados para la conferencia mucho antes de que yo me hiciera cargo de la coordinación. La pregunta era si aceptaría unirme a su propósito o trataría obstinadamente de seguir adelante con mi propuesta. Solo se cumpliría el propósito al servicio del reino si yo aceptaba la invitación de Dios de colaborar con el logro del objetivo divino. Dios también tiene un plan para ti; ha establecido metas para cada una de las áreas o de los aspectos de tu vida y quiere revelártelas para que puedas unirte a Él y, en obediencia, alcanzar la meta. Cuando Dios permite que se abran tus ojos espirituales para que tomes conciencia de su acción aquí en la tierra, te está invitando a unirte a Él y trabajar para hacer realidad el Reino en tu vida y la de esta generación. Al ver la mano de Dios, oyes la voz de Dios.

LA VOZ DE LOS SANTOS: *"Nada le agrada más a Dios que escucharnos pedir lo que Él desea darnos. Cuando pasamos tiempo con Él, y nos dejamos motivar por sus prioridades, pasiones y propósitos, comenzamos a pedir las cosas que están más cerca de su corazón".*

BRUCE WILKINSON

El plan de Dios para ti

La vida de Jesús es fiel testimonio de la invitación que Dios nos hace para llevar a cabo sus planes. Lo maravilloso de la vida de Jesús en la tierra no fue que cumplió la voluntad del Padre sino que *no hizo ninguna otra cosa excepto cumplir la voluntad del Padre.* Él no propuso nuevas ideas ni arremetió por las suyas. Jesús entendió un principio que nosotros solemos olvidar: el verdadero éxito en cualquier emprendimiento depende exclusivamente de que se trate de una iniciativa de Dios y Él nos invite a participar.

> LA VOZ DE DIOS: *"Ciertamente les aseguro que el hijo no puede hacer nada por su propia cuenta, sino solamente lo que ve que su padre hace, porque cualquier cosa que hace el padre, la hace también el hijo".*
>
> JUAN 5:19 (NVI)

Imagino que el motivo por el cual no solemos obtener los resultados esperados en nuestros emprendimientos es que no tomamos la decisión de hacer solo aquello que vemos que el Padre ya está haciendo. No esperamos que Dios nos invite sino que nos autoconvocamos a hacer lo que queremos hacer en el momento en que se nos ocurre hacerlo, en lugar de esperar y ver qué nos propone Dios.

En más de una ocasión tuve que preguntarme si *realmente* quería saber qué planes tenía Dios para mí o si tan solo quería llevar a cabo los míos con la esperanza de obtener su bendición. Al mirar hacia atrás en mi vida, puedo ver cuántas veces seguí adelante con mis proyectos confiando en que Dios daría su aprobación. No es de extrañar, pues, que algunos de mis planes hayan fracasado; ¡no eran suyos sino míos!

Desde antes que nacieras Dios tenía un plan para tu carrera, tus finanzas y tu familia. Tiene un plan para cada uno de nosotros, y en nuestra calidad de hijos, espera que colaboremos con Él. Sus planes tienen prioridad sobre los nuestros.

Nuestra oración permanente debería ser: *"Señor, abre mis ojos para ver dónde estás obrando".* Cuando el Espíritu Santo que habita en ti te permite ver cómo y dónde se está moviendo Dios, significa que has oído la voz de Dios. Esta es su invitación a unirte a Él y participar en su obra. Sin embargo, aceptar la invitación de Dios implica estar dispuesto a dejar a un lado tus planes y seguirlo a Él. Eso significa dejar un espacio abierto para que Dios te proponga hacer algo diferente, aun cuando su propuesta te atemorice o parezca riesgosa.

A decir verdad, es bastante común que las invitaciones de Dios nos intimiden, pero la certeza de que Él está con nosotros nos da confianza para asumir cualquier clase de tarea. En Ef. 2:10, Pablo nos recuerda que "somos creación de Dios. Por nuestra unión con Jesucristo, nos creó para que vivamos haciendo el bien, lo cual Dios ya había planeado desde antes" (TLA). El versículo incluye cuatro elementos importantes que definen quién eres: (1) creación de Dios; (2) creado en unión con Jesucristo; (3) para hacer el bien y (4) para actuar de acuerdo con el plan de Dios.

¿No es emocionante pensar que somos creación de Dios, obra de sus manos, su obra maestra? Por medio de Jesucristo nos capacitó plenamente para llevar a cabo su propósito aquí en la tierra. Este versículo es nuestra garantía de que quiere darnos a conocer sus planes y que estamos plenamente capacitados para formar parte de ellos.

El plan de Dios para todas las cosas

Cierto día mientras oraba durante mi tiempo de meditación, hablé con Dios sobre aspectos de mi vida cotidiana. Le pedí que me permitiera ver su accionar a lo largo del día para poder unirme a Él en el cumplimiento de sus propósitos. Permanecí sentada en su presencia escuchando canciones de adoración de mi CD favorito y, de pronto, vino a mi mente el nombre de una amiga. Nos queríamos mucho y habíamos sido muy unidas hasta el momento en que ambas tuvimos hijos y fuimos dejando de vernos. Pensé en ella por un momento y traté de retomar mi tiempo de meditación. Sin embargo, su nombre seguía resonando en mi mente, de modo que pensé que el Señor la había traído a mi pensamiento y decidí orar por ella y su familia. Pero la voz del Señor seguía insistiendo: "Llámala. Te necesita". El mensaje me llegó al corazón, y sentí ese agradable estremecimiento que suele acompañar a la voz de Dios.

Impulsada por el Espíritu, tomé el teléfono y la llamé. Se la oía frustrada y apurada. Me explicó que el esposo estaba trabajando y que la niñera le había avisado que estaba enferma. Estaba cuidando a sus tres pequeños a la vez que intentaba realizar su trabajo en la oficina instalada en la casa.

Mi tiempo de meditación de ese día lo dediqué a cuidar a los hijos de mi amiga y doblar una parva de ropa limpia que tapaba el sofá. Lloró conmovida ante la acción de un Dios que la amaba tanto que había tocado el corazón de una amiga para que la ayudara con su rutina de trabajo.

Peter Lord, un autor por quien siento gran admiración, dice: "Lo peor que puedes hacer –la manera más fácil de volverte insensible– es ignorar una sensación o una impresión. Debes proponerte escuchar al Señor para poder responder a lo que Él te dice, y no debes permitirte oír sin responder".

Cuando Dios habla a tu corazón, o permite que lo veas moviéndose en dirección contraria a lo que habías planificado, ¿cómo respondes? ¿Le prestas atención o haces oídos sordos y continúas con tu agenda?

Si buscas responder adecuadamente a la voz de Dios, debes decidir *hoy* que voluntariamente someterás tu vida a sus planes. Debes estar dispuesto a buscar sus invitaciones en tu diario trajinar. Presta atención a la obra de sus manos en medio de las tareas de tu rutina cotidiana. Responder a la invitación a hacer pequeñas cosas te encaminará en la dirección correcta para las grandes cosas.

Únicamente tomando la decisión de cambiar el enfoque de tus planes podrás cumplir gozosa y voluntariamente con lo que Dios te pide que hagas. Si no estás dispuesto a modificar tus planes, acabarás perdiendo todo lo que Dios tiene planeado para ti.

Él nos invita a participar en el proyecto del reino, pero hay una condición: debemos dejar a un lado nuestro proyecto y abrazar el suyo. No podemos aferrarnos a nuestros planes y creer que así cumpliremos el propósito de Dios para nuestra vida. Si queremos recibir su bendición, tenemos que seguir sus planes.

Tomar la decisión de acomodar tu vida en obediencia a Dios exige rendirte. Significa que decides "ondear la bandera blanca" con respecto a lo que quieres hacer y aceptas ser el instrumento a través del cual Dios cumpla su propósito.

El plan de Dios para ti incluye la iglesia

Puesto que Dios se revela a los seres humanos porque quiere que participen en su proyecto del reino, una de las maneras en que les habla a sus hijos es a través de otros que también participan en su proyecto. Con frecuencia Dios nos envía invitaciones a través de la iglesia local.

Cuando era niña trataba de librarme de las tareas domésticas por todos los medios a mi alcance. Al regresar de la escuela, cansada después de varias actividades extracurriculares, intentaba escabullirme con la esperanza de que si mis padres no me veían, no pedirían mi colaboración. Indefectiblemente mis padres me encontraban y me recordaban que no podía disfrutar de los beneficios de tener una familia si no estaba dispuesta a ayudar en lo que fuera necesario.

La iglesia es la familia de Dios y es uno de los medios que Él usa para hablarles a sus hijos. Presta atención: ningún cristiano puede cumplir cabalmente el propósito de Dios para su vida si no se integra a una comunidad local de creyentes. Muchos cristianos en el presente desean disfrutar de las bendiciones de la familia de Dios, pero pretenden "esconderse" a la hora de participar en el plan de Dios para construir su cuerpo, la iglesia. Algunos se han vuelto muy cómodos y se limitan a ver a los evangelistas en la televisión o escuchar a su predicador favorito en la radio. El problema es que este tipo de actitud te permite actuar como si fueras hijo único, olvidando que cuando naciste de nuevo, naciste dentro de una familia con hermanos y hermanas. Si estás cómodamente sentado en el sofá, no estás atendiendo las necesidades de tu familia cristiana. Los medios de comunicación cristianos son una bendición, pero nunca deben sustituir tu necesidad de estar en comunión con tus hermanos en Cristo.

Aunque los cristianos no necesitamos la mediación de la iglesia para tener comunicación con Dios, nuestra participación en el cuerpo de Cristo es crucial para discernir la voz de Dios y responder a su invitación a sumarnos a su proyecto.

Pablo les dijo a los creyentes de Corinto: "Ustedes son el cuerpo de Cristo, y cada uno individualmente un miembro de él" (1 Cor. 12:27). Dios tenía un propósito al integrarte a ese cuerpo; lo hizo para ayudarte a ti y al cuerpo a hacer todo aquello que glorifique su nombre. Como miembro del cuerpo de Cristo, recibiste dones especiales para cumplir el propósito de Dios para tu vida y la vida de la iglesia. Esto explica por qué tu participación en el cuerpo es fundamental. Para poder cumplir el propósito de Dios, debes colaborar activamente poniendo tus dones al servicio del cuerpo.

LA VOZ DE LOS SANTOS: *"Sé que el Señor me habla cuando Él confirma, mediante su Palabra, cosas que ya están sucediendo a mi alrededor. Últimamente Dios también me habló de manera muy impactante a través de amigos queridos y de la comunidad de la iglesia, confirmando de ese modo lo que yo sentía que Él me estaba diciendo. Cuando oigo un mismo tema que se repite procedente de fuentes diversas, sé que debo aprontar mi corazón para escuchar al Señor y entender correctamente en qué dirección quiere que marche".*

CHRISTY NOCKELS

Como los miembros de la iglesia están unidos unos con otros, Dios puede valerse, y sin duda lo hará, de otras partes del cuerpo para ayudarte a reconocer su dirección para tu vida. Cuando tu cuerpo tiene una carencia porque un miembro está enfermo o dolorido, otros miembros de tu cuerpo funcionan al máximo de su capacidad para compensar esa carencia. Del mismo modo, cuando el Señor te deje ver una carencia en tu cuerpo espiritual, piensa detenidamente si no será la manera en que Dios te pide que cubras esa necesidad. Al hacerlo, estarás cumpliendo con el propósito de Dios para tu vida además de participar en el proyecto de su reino.

Sin embargo, no debes creer que tú eres responsable de cubrir todas y cada una de las carencias que ves. Hay muchas necesidades en un cuerpo y muchos miembros para atender esas necesidades. Cuando Dios te deje *ver* una necesidad en la iglesia local, o alguien te la señale, presenta todo a Dios en oración y pide su dirección. Si Dios te está hablando a través de la iglesia para llevar a cabo sus planes, notarás un patrón que se repite en el estudio bíblico, en la oración y en lo que sucede a tu alrededor, y verás que todo apunta en una misma dirección. Dios tiene un plan concreto para tu vida; aguarda y únete a su proyecto participando solo en aquellas cosas a las que Él te invita.

> LA VOZ DE DIOS: *"No dejemos de congregarnos, como acostumbran hacerlo algunos, sino animémonos unos a otros, y con mayor razón ahora que vemos que aquel día se acerca".*
>
> HEBREOS 10:25

Mi tía Elizabeth, que durante veinticinco años estuvo a cargo del ministerio con niños en nuestra iglesia, me pidió que tuviera una clase con los más pequeños en la Escuela Dominical. Mis padres solían tener un franelógrafo con figuras de personajes bíblicos que usaban para contar historias de la Biblia, y siempre disfruté de llevarlos a mi habitación y contarle esas historias a una clase imaginaria. Me alegró la idea de colaborar en la iglesia y pasé varias horas pensando cómo contar la historia de un modo que fuera atractivo para los niños.

No recuerdo los pormenores de la lección, aunque sí recuerdo haber hecho algo con globos de agua. Los niños se mostraron muy entusiasmados y aprendieron muchas cosas durante la lección. Después de esa experiencia, mi tía sintió que debía integrarme a trabajar en ese ministerio. Pensó que Dios necesitaba una persona más joven, como yo, para revitalizar las clases de la Escuela Dominical y ayudar a que los niños se entusiasmaran con la enseñanza de la Palabra de Dios. Aunque en ese momento no me di cuenta, Dios estaba usando a la iglesia para confirmar su voluntad para mi vida. El cuerpo tenía una necesidad, Él me había dado dones para realizar la tarea y un corazón dispuesto.

Dios ordena todos los acontecimientos en nuestra vida y permite que lo veamos moverse en medio de ellos como una forma de invitarnos a participar. Esto significa que cuando buscas discernir la voz de Dios, debes al menos *tener conciencia* de lo que Dios está haciendo en el cuerpo de Cristo y pensar qué aplicación podría tener esto en ti como individuo.

LA VOZ DE DIOS: *"La mente del hombre planifica su camino, pero el Señor dirige sus pasos"*.

PROVERBIOS 16:9 (LBLA)

Cuando oyes la voz de Dios que te llama a hacer algo en la iglesia, tal vez sientas que el Espíritu Santo te está empujando a hacer alguna cosa para la que no estás preparado. *Si Dios te llama, puedes estar seguro de que ya te ha dado las herramientas necesarias.* Eres obra de sus manos, ¿recuerdas? Responde en obediencia y dale la oportunidad de desplegar su poder sobrenatural en tu vida al usarte para cumplir su propósito y darle gloria. Hay una invitación celestial dirigida a tu nombre; ábrela, léela y acéptala.

¿CÓMO SABES QUE ES LA VOZ DE DIOS?

"*Hay veces en que Dios simplemente pone un pensamiento en mi mente, y reconozco que fue Él. Y lo sé con tanta certeza que aunque sienta resistencia a hacer lo que creo que debo hacer, soy consciente de que igual debo hacerlo. Esto fue lo que sucedió cuando Dios puso en mi corazón, hace más de treinta años, que debía escribir los estudios bíblicos 'Precept Upon Precept' (Precepto sobre precepto). Supe que debía hacerlo, y con el tiempo comprobé que era de Dios.*"

KAY ARTHUR

12

Una voz oportuna

"No es que Dios sea lento para cumplir su promesa, como

algunos piensan."

2 Pedro 3:9 (TLA)

Durante toda la semana le había recordado a Jerry que el viernes sería nuestra venta anual de objetos usados. Todos los días le preguntaba si podíamos dejar estacionado uno de los dos automóviles afuera del garaje para comenzar a llevar allí las cosas que íbamos a vender. No quería esperar hasta último momento porque sabía que si no lo hacíamos poco a poco, el último día nos veríamos desbordados.

Esa semana Jerry estaba tapado de trabajo y no pudimos hablar –mucho menos hacer– nada con respecto a nuestra venta de garaje. Estaba callado y algo distante. Ni siquiera me dio el visto bueno para guardar cosas en su espacio en el garaje, y tampoco comenzó a bajar los objetos más pesados desde la planta alta. Por mi parte, no podía avanzar hasta que él me ayudara.

Y así llegamos a la noche del jueves. La venta comenzaba a la mañana siguiente a las 7, pero después de una larga jornada laboral y de cortar el césped a última hora de la tarde, Jerry subió al dormitorio a descansar. No quería fastidiarlo, así que fui haciendo lo que pude. Comencé llevando los objetos de menor tamaño a la sala.

Jerry reapareció alrededor de las nueve y comenzó a ayudar. Era evidente que no lo hacía nada feliz la idea de estar trabajando a esa hora de la noche. Al oírlo bufar y resoplar, tuve que hacer un gran esfuerzo para no gritarle: "¡Cuántas veces te dije que no lo dejáramos para último momento!"

Yo llevaba un mes preparando la lista de objetos que eran demasiado grandes para acarrearlos yo sola; cuando Jerry vio esa larga lista, exclamó con gran énfasis: "¡Pero estoy muy cansado!"

Llegados a ese punto, ¡ambos nos sentíamos terriblemente frustrados!

Dios nunca mira la lista de situaciones importantes en las que necesitamos su ayuda y dice: "¡Estoy cansado!" Si en ocasiones parece guardar silencio, su supuesta falta de acción no se debe a que no tenga energía o interés. La explicación de su silencio es una verdad muy simple: los tiempos de Dios no siempre coinciden con los nuestros. Así como tiene planes concretos para ti, debes confiar que también ha preparado un tiempo para cada cosa. No solo dirige los acontecimientos en tu vida sino también el momento oportuno en el cual han de suceder. Te hablará cuando todas las condiciones estén dadas para que pueda revelarte los próximos pasos.

Confiar en los tiempos de Dios

Elisabet y Zacarías deseaban tener un hijo (Luc. 1), pero aunque habían orado durante muchos años, Dios no los había bendecido. Ya eran ancianos cuando un ángel se le apareció a Zacarías y le dijo: "Tu oración ha sido oída y tu mujer Elisabet dará a luz un hijo" (v. 13). A ese hijo, de nombre Juan, se le encargaría una misión especial; él prepararía al pueblo para el nacimiento de Jesús. Se trataba de algo mucho más grande que concederle a una pareja el hijo que deseaban; Dios tenía un plan de mayor alcance, y se había cumplido el tiempo para llevarlo a cabo. Ni Elisabet era demasiado vieja para ser madre ni Dios había hablado demasiado tarde; Él había esperado hasta que todo estuviera preparado para el nacimiento de su Hijo, y dio instrucciones claras y precisas a todos los involucrados.

Reconozco que más de una vez he cuestionado la forma en que Dios maneja el tiempo. Me enfadaba cuando necesitaba recibir orientación en una situación concreta y Él no respondía. Sin embargo, una y otra vez el Señor me mostró que la razón por la cual demoró en revelarme su voluntad con relación a mi vida fue porque, muy probablemente, yo hubiera tratado de adelantarme a los planes de Dios en lugar de esperar a que Él actuara. Si me hubiera hablado sobre el ministerio que ahora me encomendó cinco años atrás, me habría lanzado ansiosamente a ponerlo en marcha, antes de estar espiritual y emocionalmente preparada para responder a las exigencias de la tarea, o bien hubiera huido presa del miedo. Como me conoce, el Padre en su sabiduría decidió mostrarme exactamente lo que necesitaba saber. El tiempo en que Dios hace llegar su mensaje es tan importante como el mensaje mismo. Y cuando llega el momento oportuno, Dios nos da a conocer todo lo que necesitamos saber.

LA VOZ DE LOS SANTOS: *"También debemos comprender que a veces el silencio del Señor es su manera de hacernos crecer, igual que una madre deja que su niño se caiga y se levante cuando está aprendiendo a caminar".*

CORRIE TEN BOOM

La guía verdadera

En Juan 16:13 se describe al Espíritu Santo como nuestra "guía". El término usado en el original significa *guiar mientras uno mismo va en camino*. La imagen que evoca es la de alguien que da instrucciones de acuerdo con las necesidades que se van presentando. Pude comprobar que gran parte del desencanto y la frustración que a veces experimenté al tratar de discernir la voz de Dios se debió a que quería recibir instrucciones antes de que Dios estuviera dispuesto a darlas. Me costaba confiar en los tiempos que Dios había preparado para revelarme sus planes.

Hace varios años viajé a Tierra Santa con el propósito de conocer y aprender tanto como fuera posible sobre historia bíblica. Debo agradecer al guía porque no nos dio toda la información sobre los lugares que debíamos visitar de una sola vez para que después nos manejáramos con nuestros propios recursos. Por el contrario, el erudito profesor israelita que era nuestro guía nos acompañó en cada tramo del recorrido. Al llegar a un lugar, nos daba información sobre ese lugar y todas las explicaciones necesarias. Luego seguíamos adelante hasta la siguiente estación. Recibir la información gradualmente, a medida que íbamos avanzando, nos permitió sacar el máximo provecho de nuestro viaje.

En su función de guía, el Espíritu Santo no te entrega todas las instrucciones de una sola vez y luego te deja solo. Te dice lo que necesitas saber ahora y luego actualiza las instrucciones conforme vas avanzando en fe y obediencia.

Le dijo Dios a David: "Te enseñaré el camino en que debes andar; te aconsejaré con mis ojos puestos en ti" (Sal. 32:8, LBLA). Quería hacerle saber que no se limitaría a indicarle el camino una vez para luego abandonarlo. Dios da instrucciones permanentes y concretas a quienes están muy cerca de Él. Permanece a nuestro lado observando cada movimiento en nuestra carrera, cada intento en nuestras relaciones, cada decisión financiera. Ve cada paso que damos y anticipa las equivocaciones. Sabe en qué momento tendrá que sostenerte para evitar una caída, así como yo estoy siempre cerca de mi hijo más pequeño previendo cómo tendré que ayudarlo para que pueda llegar a destino. Está parado a tu lado, dispuesto a darte su consejo, sostener tu mano y animarte a seguir adelante.

Dios usará los medios apropiados y necesarios para revelar su voluntad a su tiempo. Tú y yo la conoceremos cuando llegue el momento oportuno. Que no hayas oído la voz de Dios con relación a algún asunto en particular no significa que Él no sabe cómo llegar hasta ti; probablemente no quiere darte claridad sobre el tema aún. No intentes imponerle a Dios tus propias limitaciones de tiempo.

Precisamente esto expresó Jesús cuando les dijo a sus discípulos: "Aún tengo muchas cosas que decirles, pero ahora no las pueden soportar" (Juan 16:12, NBLH). Hay un tiempo para cada cosa. Hasta saber con claridad cuál es el próximo paso, sigue haciendo obedientemente aquello que ya sabes que está bien.

Al aterrizar un avión, se debe tener en cuenta mucho más que el plan de vuelo de ese avión particular. El controlador aéreo debe estar atento a todos los demás aviones que están en vuelo y los que esperan despegar. Antes de dar instrucciones de aterrizaje debe evaluar qué consecuencias tendrán esas instrucciones para cada uno de los aviones en el área. El momento de darle la orden de aterrizar al piloto depende de la posición de todos los demás aviones. Un piloto no puede decidir: "Comenzaré el descenso" sin haber recibido instrucciones desde la torre de control porque podría ser perjudicial para él, para los pasajeros y para el resto de los aviones. El piloto debe dejar que lo dirija alguien que tiene una visión mucho más amplia que él.

Cuando Dios te da instrucciones, puedes confiar en que te dará todo lo que necesitas *en ese momento*. Cuando llegue el tiempo oportuno, te indicará cómo seguir. Avanzar antes de recibir la dirección de Dios podría ser perjudicial para ti y para todo lo que Dios tiene pensado hacer.

> LA VOZ DE DIOS: *"Todo tiene su tiempo, y todo lo que se quiere debajo del cielo tiene su hora. … tiempo de callar y tiempo de hablar".*
>
> ECLESIASTÉS 3:1,7

La verdad de Dios se recibe por gracia

En 1 Cor. 2:12 Pablo habla sobre cómo la palabra de Dios llega a nosotros oportunamente. Dice el apóstol que recibimos el Espíritu de Dios "para que conozcamos lo que Dios nos ha dado gratuitamente" (LBLA). Y el Espíritu nos da gratuitamente las cosas que *ahora* necesitamos conocer. Nuestra frustración al no poder oír la voz de Dios ni conocer su voluntad se debe mayormente a que queremos obtener algo a lo que no podemos acceder en ese momento. Cuando oramos: *Señor, muéstrame tu voluntad*, muchas veces estamos pidiendo conocer una verdad que no será pertinente hasta dentro de veinte años. Queremos que Dios nos muestre toda la obra, de principio a fin, ahora mismo, pero Jesús dijo a sus discípulos: "Muchas cosas me quedan aún por decirles, que por ahora no podrían soportar" (Juan 16:12, NVI).

Es importante comprender correctamente estas palabras de Jesús. No quiso decir que Dios les oculta la verdad a algunos de sus hijos mientras que a otros les confiere conocimientos especiales. Dios no practica el favoritismo. Su promesa es que el Espíritu Santo nos *guiará a toda la verdad* (Juan 16:13). Jesús no pretendía ocultarles algo a sus discípulos ni pretende ocultarnos nada a nosotros. Simplemente dijo que no puede revelarnos toda la verdad porque no estamos en condiciones de soportarla de una sola vez. ¡Recibiremos la verdad de Dios en el momento oportuno!

> LA VOZ DE LOS SANTOS: *"A diferencia de la voz de Dios, la voz del ladrón atemoriza e intimida sobre la base de amenazas: 'Si no haces tal cosa, lo lamentarás'. Suele dar órdenes o intentar obligarte a hacer algo; generalmente urge y presiona, sermonea y degrada: '¡Hazlo ahora! Si demoras ¡todo se habrá perdido!'"*
>
> JAN JOHNSON

No hay prisa

Si verdaderamente creemos que Dios hablará cuando sea el tiempo oportuno, nunca deberíamos sentirnos urgidos ni presionados a tomar decisiones que no surjan de una profunda sensación de paz interior. Si no ves con claridad, no avances. Solo cuando Dios haya hablado recibirás la señal para responder en obediencia. Él pensó en ti de manera especial al diseñar su propósito. Nada lo toma por sorpresa. Recuerda que su plan para ti existe desde el principio de los tiempos. Cuando sentimos que el tiempo apremia y debemos apresurarnos a tomar una decisión que no tiene fundamento firme, es muy probable que no sea Dios quien nos habla. En ningún texto de la Escritura vemos a Dios apurando a alguien a tomar una decisión. Por el contrario, suele insistir pacientemente en iluminar nuestro camino antes de exigir obediencia. Si sientes un impulso irrefrenable de actuar espontáneamente, sujeta fuerte las riendas. Dios solo pide respuesta inmediata después de haber revelado claramente su voluntad.

Una amiga, estudiante del seminario y con una difícil situación financiera, quería comprar un automóvil. Un vendedor muy insistente, de estilo agresivo, trataba de apurarla a tomar una decisión. El negocio que el vendedor le proponía era conveniente, pero ella se sentía indecisa e insegura. A pesar de que sabía que podía perder una buena oportunidad, la preocupaba tomar una importante decisión financiera en el momento. Sabiamente, decidió no aceptar la oferta. Dos semanas más tarde, fue bendecida con el regalo de un automóvil de un donante anónimo.

Si no te sientes seguro con respecto a las decisiones que debes tomar, detente y trata de escuchar en qué dirección te guía el Espíritu Santo. La voz de Dios es oportuna. Nunca llega con retraso y no permitirá que dejes de escuchar cuál es su voluntad. Mientras esperas que Dios hable y cumpla su palabra contigo, permanece firme en tu fe, confía en que Él te guiará paso a paso, y síguelo adonde Él te conduzca.

Aguarda en silencio

El tiempo de espera hasta recibir la claridad del Señor puede resultar difícil. En el capítulo 1 hablamos sobre el profeta Habacuc y su frustración mientras aguardaba que Dios le mostrara el camino (Hab. 1-2). ¿Recuerdas adónde dijo Habacuc que esperaría la respuesta de Dios? En el puesto de guardia. Es un dato muy importante. El puesto de guardia siempre se encontraba en un lugar alto que permitía ver a kilómetros de distancia. Desde allí, el centinela tenía una visión muy diferente de lo que ocurría alrededor.

Habacuc tuvo que trepar por encima del nivel en el que normalmente desarrollaba su vida para poder fijar la mirada en Dios y sintonizar los oídos para oír su voz. Así también nosotros, mientras esperamos que Dios nos hable y cumpla su palabra en nosotros, debemos subir al puesto de guardia. Tenemos que dejar nuestros problemas a nivel terrenal, centrar toda nuestra atención en Dios y aguardar.

LA VOZ DE LOS SANTOS: *"Si le dijiste a Dios de rodillas que habías llegado a un punto muerto y que le entregabas todo a Él, pues entonces entrégaselo todo a Él. No vayas con tu problema al primer cristiano que encuentres y le digas: 'Sabes, estoy en medio de un terrible problema; no sé qué hacer'. No hables del tema. Déjalo en manos de Dios y tú, ve a tu puesto de guardia".*

D. Martyn Lloyd-Jones

Aguardar en el puesto de guardia implica aguardar en silencio. Significa acallar las voces del mundo exterior y resueltamente concentrarnos en escuchar a Dios. Sin embargo, ¡qué miedo le tenemos al silencio! Suele provocarnos tanto temor que preferimos quedarnos a "nivel del suelo" y llenar el vacío con mucha actividad y mucho ruido. Y más intolerable nos resulta cuando sabemos que Dios está allí, justo a nuestro lado, pero prefiere no hablar.

Mientras esperamos en el puesto de guardia, Satanás busca la manera de que nos cuestionemos si Dios realmente nos ama. Nos preguntamos si se habrá olvidado de nosotros porque no somos suficientemente importantes. Tememos que no nos hable o no se mueva porque no hemos causado una buena impresión en Él. Comenzamos a sentir la necesidad de esforzarnos por agradarle a fin de lograr atraer su atención.

Amigo, no dejes que Satanás te engañe tendiéndote estas trampas. La decisión del Señor de permitir tiempos de silencio no tiene nada que ver contigo como persona ni con la etapa del camino espiritual en la que te encuentras. Dios no limita su respuesta a aquellos que consideramos la "elite espiritual"; Él le responde a todos sin distinciones: joven o anciano, negro o blanco, alto o bajo, gordo y delgado. Les responde incluso a aquellos que no han sometido su vida totalmente a Él. Dios no hace acepción de personas, y sus prejuicios no son como los prejuicios de los hombres. Su único prejuicio es contra el pecado.

Existen motivos para el silencio de Dios. Quizá desea afianzar nuestra confianza en Él para poder fortalecer nuestra relación. Su silencio nos enseña a liberarnos de esa necesidad de tener todo bajo control, que a menudo nos impide ver que Dios tiene poder para reinar en cualquier situación. Cuando sabemos que no tenemos el control, nuestra única opción es ponernos completamente en sus manos. Hay algo que perderíamos si Él nos hablara en este preciso instante, y que solo el silencio puede darnos: la particular confianza que despierta en nosotros el darnos cuenta de que no lo sabemos todo.

LA VOZ DE LOS SANTOS: *"Mi aceptación de su manejo del tiempo requirió un riguroso ejercicio de confianza. Me sentía tentada a acusar al Señor de ser negligente y desatento, igual que los discípulos en el barco durante la tormenta. Trabajaron febrilmente hasta que la situación se hizo insostenible, y entonces, en lugar de pedirle ayuda a Jesús, le gritaron: 'Maestro, ¿no te importa que nos ahoguemos?' No estaban pereciendo; estaban en pánico. Y no era demasiado tarde. Jesús se levantó y simplemente le habló al viento y a las aguas".*

ELISABETH ELLIOT

No necesitamos saber todo el plan mientras confiemos en Aquel que sí lo conoce. Nuestro Padre celestial no nos da todas las respuestas a la vez. A veces, simplemente espera y nos observa para ver si obedecemos su mandamiento: "Estén quietos, y sepan que Yo soy Dios" (Sal. 46:10, NBLH).

¿Acaso diremos que Dios solo es Dios cuando oímos su voz o lo vemos moverse? ¿O seguimos confiando en que Él es nuestro Padre aun cuando no oímos su voz celestial ni lo vemos actuar? Que responda o no de la manera que a nosotros nos gustaría carece de importancia. Debemos confiar que sigue trabajando por nosotros aun cuando decida no pronunciar palabra. A través de su silencio, nos dice millones de cosas. Nos ordena esperar en Él y centrar nuestra atención en su santidad.

¿Estás clamando ante un Jesús callado por la solución de un problema que enfrentas? ¿Estás en el puesto de guardia? Él te pide que confíes hasta que el tiempo para su plan esté maduro. Simplemente ¡confía!

LA VOZ DE DIOS: *"¡Espera en Jehová! ¡Esfuérzate y aliéntese tu corazón! ¡Sí, espera en Jehová!"*

SALMO 27:14

Confía en los tiempos de Dios

Nuestra vida puede compararse a una caja con todas las piezas de un rompecabezas gigantesco, pero solo Dios ve la imagen dibujada en la tapa de la caja. Él ve el diseño completo y sabe cómo y cuándo deben unirse las piezas.

Podemos estar seguros de que Dios sabe exactamente en qué momento hablar y actuar.

Con frecuencia te parecerá desconcertante lo que el Espíritu te dice. Eso se debe a que solo el Espíritu conoce la agenda celestial para cada situación. Hay verdades profundas sobre alguna persona, una situación, o un problema que ni tú ni ninguna otra persona pueden comprender a través de la sabiduría humana. El Espíritu Santo no te revelará estas verdades profundas hasta que estés preparado para comprenderlas y aceptarlas. Si te las revelara antes de tiempo, te sentirías abrumado.

Si creemos que Dios hablará y entrará en acción en el momento oportuno, podremos permanecer quietos y esperar en el Señor. ¡Qué alivio! Esto nos anima, y fortalece nuestro corazón. Al saber que Dios ha prometido cumplir su palabra, no debemos estar ansiosos por nada: ni por un compañero, ni por ayuda económica, ni por oportunidades en el ministerio o logros en nuestra carrera, o simplemente, por recibir su dirección. Cuando esperamos el cumplimiento del tiempo del Señor, nos liberamos de la carga de hacer que las cosas sucedan. Confía que Él te guiará paso a paso, y luego síguelo dondequiera te lleve.

¿CÓMO SABES QUE ES LA VOZ DE DIOS?

"Sé que el Señor está hablando cuando no hallo descanso. Sí, reconozco que suena negativo, pero hubo momentos en que su voluntad no era muy clara para mí. Entonces, el Señor parece llenar de inquietud mi corazón, y no logro librarme de ella hasta que me detengo y le pregunto: '¿Qué pasa, Señor? ¿Qué quieres?' Creo que por eso el Señor nos dijo que debíamos permanecer en Él. ¡Oh, si pudiéramos aprender a permanecer en Él y seguirlo adondequiera nos guíe!"

DAMARIS CARBAUGH

13

Una voz paternal

"¡Fíjense qué gran amor nos ha dado el Padre, que se nos

llame hijos de Dios! ¡Y lo somos!"

1 Juan 3:1 (NVI)

Mi padre es maravilloso, pero suele tener problemas para recordar mi nombre. Cuando era niña, nunca parecía saber a cuál de sus cuatro hijos quería llamar. Pasaba de un nombre a otro: Anthony, Jonathan y Chrystal, en rápida sucesión hasta que por fin llegaba a Priscilla. Los cuatro estábamos acostumbrados a oír la seguidilla de nombres, y esperábamos ansiosos escuchar el cuarto nombre sabiendo que esa era la persona con quien quería hablar. Aun hoy es común que mi padre nos llame a mi hermana y a mí «Crissilla», nombre que resulta de llamar a una de nosotras e inmediatamente darse cuenta de que quería hablar con la otra.

Nuestro Padre celestial no tiene este problema. No hace esfuerzos desesperados por recordar nuestro nombre ni nos confunde con algún otro de sus hijos. Sabe exactamente quienes somos y tiene un mensaje personal para cada uno. A pesar de que a veces tropezamos y lo decepcionamos, nos habla como un padre amoroso. Nos convence de nuestro pecado y nos corrige, pero nunca condena. Nuestro amante Padre está siempre dispuesto a darnos su perdón cuando humildemente nos arrepentimos de nuestros pecados. Veremos algunos textos de la Escritura que prueban que nuestro Padre nos ama y nos llama por nuestro nombre para que cumplamos su voluntad.

> LA VOZ DE DIOS: *"Te daré los tesoros escondidos y los secretos*
> *muy guardados, para que sepas que yo soy Jehová, el Dios de*
> *Israel, que te pongo nombre".*
>
> ISAÍAS 45:3

Un mensaje personal

Cuando Dios quiso hablarle a un niño confundido que servía en el Templo, lo llamó por su nombre: "¡Samuel! ¡Samuel!" (Sam. 3:10). Cuando quiso que lo viera una mujer que lloraba por no poder encontrar el cuerpo del Señor crucificado, la llamó por su nombre: "¡María!" (Juan 20:16). Cuando quiso salvar a un hombre que se dirigía a Damasco a perseguir cristianos, lo llamó por su nombre: "¡Saulo! ¡Saulo!" (Hech. 9:4). En los relatos bíblicos es común ver que Dios llama a los personajes por su nombre, lo cual demuestra que Dios tiene una comunicación personal con sus hijos.

En el presente, Dios lo hace por medio del Espíritu Santo. El deseo de Dios de guiarte personalmente implica dos cosas: Primero, no importa en qué etapa de tu vida de cristiano te encuentras (creyente nuevo o cristiano maduro), Dios te hablará de tal modo que puedas oírlo y comprenderlo. Segundo, puesto que su mensaje personalizado está destinado a guiarte en el cumplimiento de su voluntad para *tu* vida, es importante no transferirles a otros la responsabilidad de lo que Dios te dice. Él te guiará en el recorrido a lo largo de tu vida, y sus instrucciones llevan tu nombre impreso.

Michelle es una de las personas más consagradas que conozco. Tiene una íntima comunión con el Señor y se esfuerza por oír al Espíritu Santo para recibir dirección con respecto a sus opciones. Debido a sus convicciones personales, sigue normas de conducta que otros consideran demasiado estrictas, por ejemplo, se priva de ver numerosas películas y programas de televisión y de leer muchos libros. Cuando algunas amigas nos reunimos y decidimos hacer algo que, sin ser pecado, es contrario a lo que ella considera correcto, se despide de nosotras con una sonrisa. No impone sus convicciones ni trata de convencernos de cambiar de planes para ajustarnos a su criterio. Simplemente responde en obediencia a lo que Dios le muestra para su vida.

Cuando sabemos que Dios nos pide hacer determinada cosa, fácilmente podemos suponer que les pide lo mismo a todos los demás. Al pensar de ese modo, corremos el riesgo de volvernos legalistas y privar a otros creyentes de su libertad.

Existen aspectos de la vida que son blanco o negro y sobre los cuales la Escritura ofrece instrucciones indiscutibles que todo creyente debe seguir. Y si la Palabra de Dios es clara con relación a un tema que te preocupa, no pierdas tiempo orando ni ayunando en busca de dirección. El Espíritu Santo jamás contradice lo que está escrito. Sin embargo, hay áreas para las cuales la Escritura ofrece criterios generales pero no se pronuncia explícitamente sobre el tema o la situación que te toca enfrentar. Es en estas áreas que necesitamos buscar dirección específica y personal de Dios. Cuando tengas que decidir en qué iglesia congregarte, dónde vivir, si casarte o seguir soltero, o incluso algo más sencillo como en qué invertir tu tiempo libre, pídele al Espíritu que te guíe en forma concreta. Dios se interesa por cada aspecto de tu vida; está deseoso de explicarte si lo que quieres hacer es correcto o incorrecto, y te dará opiniones firmes sobre cada asunto (Rom. 14:4-5).

El Padre sabe qué planes tiene para tu vida, y te guiará personalmente de acuerdo con lo que Él espera que logres. A la mujer llamada a ser madre de tiempo completo, le dará opiniones firmes con relación a trabajar fuera del hogar; a la mujer que se siente llamada a dirigir un estudio bíblico, le dará convicción respecto del tiempo que decida dedicar a su preparación; a la mujer que siente que debe optar por un programa de educación en el hogar para sus hijos, el Espíritu Santo la llevará a evitar todo lo relacionado con los métodos tradicionales de enseñanza. Dios le da a cada mujer indicaciones específicas para su situación a fin de atender sus necesidades y las de sus seres queridos.

> LA VOZ DE DIOS: *"No permitan que se hable mal de lo que para ustedes es bueno".*
>
> ROMANOS 14:16 (NBLH)

Diferentes instrucciones para llegar a un mismo destino

Para llegar al centro de Dallas desde donde yo vivo hay que dirigirse al norte por la autopista 35. Creo que es el camino más directo y más conocido para cualquiera que desee llegar al centro de la ciudad. No obstante, hay mucha gente que elige ir por otro camino. Aunque a mí me parece que el recorrido que sugiero es el mejor, eso no significa que sea el único camino posible. Esas instrucciones funcionan bien en mi caso, pero a otras personas puede resultarles mejor otra ruta.

Mientras Dios nos dirige en nuestro viaje para encontrarnos con Él, nos va mostrando diferentes avenidas por donde podemos transitar. El Espíritu Santo traza un mapa de ruta para cada uno de nosotros. Es probable que otros cristianos no escojan nuestra ruta, y no deberían hacerlo si no figura en el mapa que les fue entregado. No debemos cuestionar la ruta que escogieron siempre que sus acciones estén dentro del marco de las normas de la Escritura. Cada cristiano debe seguir al Señor en obediencia de modo que su vida dé gloria a Dios. No nos corresponde a nosotros juzgar sino únicamente asegurarnos de que estamos siguiendo la dirección dada por Dios en nuestra vida.

Debemos disfrutar aquellas cosas que el Señor nos dio libertad para disfrutar y no sentirnos mal si Dios restringió la libertad de otros cristianos en esa misma área. De igual manera, debemos concederles a otros la libertad de hacer lo que Dios espera que hagan, aun cuando no nos haya dado a nosotros esa misma libertad. Debes responder frente al Señor por aquellas cosas que te pide a ti personalmente. Dice Sant. 4:17: "El que sabe hacer lo bueno y no lo hace, comete pecado".

Cuando el Espíritu Santo te revela algo específicamente, y tú reconoces su dirección y su guía pero deliberadamente actúas en sentido contrario, cometes pecado contra Dios. Esto es así aun cuando se trate de algo aparentemente trivial como comer más de lo que debes, aceptar determinado empleo, vestirte de determinada manera, o ir de compras a tu tienda favorita. Si el Espíritu Santo claramente te indica que hagas algo, o que no lo hagas, ríndete en obediencia a la palabra que Él te dio para tu vida. Esa es la manera en que el Padre amoroso te llama por tu nombre en su empeño por ayudarte a avanzar hacia el destino adonde Él espera que llegues.

Dios siempre obra a fin de que podamos avanzar. Si el mensaje que oyes es un mensaje de condenación, y te impide cumplir su voluntad, esa voz que oyes no es de Dios. Es la voz del enemigo.

LA VOZ DE LOS SANTOS: *"'Yo soy ese a quien Dios ama tanto' es un mensaje que seguramente escucharemos de parte de Dios durante nuestro tiempo de meditación. Dios está tan ansioso por darnos este mensaje que la única ocasión en que lo vemos apurado en la Escritura es cuando aquel padre corrió al encuentro del hijo pródigo, 'lo abrazó y lo besó'".*

Jan Johnson

Un mensaje de amor

Cuando fui a la universidad, dejé el ámbito protegido compuesto por mi familia cristiana, la escuela y los amigos para ingresar a un mundo diferente. Me entusiasmaba la posibilidad de comenzar una vida nueva independiente. Sin embargo, al poco tiempo me encontré viviendo de un modo que no era agradable a Dios y yo lo sabía. Como consecuencia de aquella experiencia, tiempo después debí luchar contra sentimientos condenatorios por algunas de las cosas que había hecho durante mi época de estudiante universitaria.

Independientemente de mis logros posteriores o de cuánto me había distanciado de aquellas malas decisiones del pasado, una voz persistente resonaba en mi cabeza y seguía llenándome de culpa. Me preguntaba por qué Dios insistía en recordarme el pasado. A pesar de haber buscado el perdón de Dios, no lograba perdonarme a mí misma ni borrar esos pensamientos de mi mente.

En mi tiempo de lucha encontré este versículo que me llegó al corazón: "Yo, yo soy quien borro tus rebeliones por amor de mí mismo, y no me acordaré de tus pecados" (Isa. 43:25).

Estas palabras amorosas del Señor de inmediato me recordaron que su objetivo no es traer culpa y condena a nuestra vida recriminándonos constantemente nuestros pecados pasados. Por el contrario, Él quiere sanarnos y restaurarnos, y para lograrlo, perdona nuestros pecados y los arroja al mar del olvido. El deseo permanente de Dios es guiarnos en amor hacia su gracia.

El texto de la Escritura que revela la naturaleza de Dios lo encontramos en 1 Jn. 4:8: "Dios es amor". Amor, eso es Dios y eso es lo que nos invita a vivir. Cuando Dios nos habla, no señala nuestro pecado para condenarnos ni para cargarnos de culpa. Su propósito es revelarnos nuestro pecado y, con actitud amorosa, animarnos a confesarlo delante de Él para que pueda limpiarnos y transformarnos. Dios no quiere que nuestras acciones estén guiadas por la culpa o el miedo a su rechazo sino que, por el contrario, quiere que actuemos impulsados por nuestro amor a Él.

> LA VOZ DE LOS SANTOS: *"El propósito de la voz de condenación es alejarte de la presencia de Dios, que es precisamente la fuente de tu victoria. El propósito de la voz que te da convencimiento de tu pecado es persuadirte a que te enfrentes a Cristo".*
>
> BOB SORGE

Existe una diferencia entre la voz de Dios que nos *da convencimiento de pecado* y la voz de *condenación* del enemigo. *Condenar* significa determinar que algo o alguien merecen castigo. *Dar convencimiento de pecado* significa sacar algo a la luz para poder enmendarlo. La voz del enemigo nos hace sentir culpables sin ofrecer ningún medio que proporcione alivio. Sin embargo, cuando el Espíritu nos convence de nuestro pecado, siempre nos facilita un mapa de ruta para salir de nuestro pecado. En Él no hay condenación (Rom. 8:1).

No hay condenación

El Evangelio de Juan en el capítulo 8 cuenta que un grupo de fariseos sorprendieron a una mujer cuando cometía adulterio. La llevaron hasta el templo donde Jesús estaba enseñando y denunciaron públicamente su pecado. ¿Cómo se habrá sentido aquella mujer? Imagina que alguien te encontrara cometiendo un pecado y te llevara frente al grupo de estudio bíblico de la iglesia donde están todos tus conocidos. Podría no haber sido tan terrible si el propósito de aquellos hombres hubiera sido redimir a la mujer; pero no se trataba de eso. Solo querían exponerla, avergonzarla y deshonrarla. Ese es también el objetivo de Satanás. Puedes reconocer la voz del enemigo cuando lo que oyes tiene por objetivo deshonrarte.

> LA VOZ DE DIOS: *"No temas, pues no serás confundida; no te avergüences, porque no serás afrentada, sino que te olvidarás de la vergüenza de tu juventud y de la afrenta de tu viudez no tendrás más memoria".*

Isaías 54:4

Los fariseos se proponían, además, desacreditar a Jesús, así que le recordaron que conforme a la ley tales mujeres debían ser apedreadas, y le preguntaban con insistencia qué pensaba hacer al respecto. "Bien, pueden apedrearla –dijo Jesús. Pero agregó–: Aquel de ustedes que esté libre de pecado, que tire la primera piedra" (Juan 8:7). Los fariseos inmediatamente se dieron cuenta de que no cumplían los requisitos necesarios y uno por uno se marcharon.

El único que tenía derecho a arrojar la piedra fue Aquel que habló en último término, sin embargo, no arrojó la piedra. Presta mucha atención: *No arrojó la piedra*. Amigo, recuerda siempre esta gran verdad. Dios tiene derecho a condenarnos porque Él no tiene pecado, pero eligió derramar su gracia sobre nosotros a pesar de lo que hemos hecho. Y lo hizo porque Él es amor.

Después de haberse marchado los fariseos, Jesús le preguntó a la mujer:

"Mujer, ¿dónde están los que te acusaban? ¿Ninguno te condenó?" Ella dijo: "Ninguno, Señor". Entonces Jesús le dijo: "Ni yo te condeno; vete y no peques más" (Juan 8:10-11).

Jesús no ignoraba el pecado de la mujer ni lo justificaba, simplemente no la condenó por su pecado. La voz de Dios nos *convence de nuestro pecado* (señala nuestro pecado), pero también manifiesta su amor por nosotros. Su voz no nos *condena* ni nos carga de culpa sino que, por el contrario, nos ofrece su gracia para dejar atrás el pecado y seguir avanzando en rectitud.

Cuando siento que me "arrojan piedras", de inmediato me doy cuenta de que las piedras no vienen de nuestro Padre amoroso. Por ejemplo, si dejo de tener mi tiempo de meditación y comienzo a sentirme culpable, sé que no es la voz del Señor la que me llena de culpa. Dios quiere que lo conozca y pasemos tiempo juntos, pero su manera de llamarme es haciendo que extrañe su compañía y desee estar con Él, motivada por el amor y el afecto.

Según Apoc. 12:10 (LBLA), es el enemigo "el que los acusa [a los creyentes] delante de nuestro Dios día y noche". Si estás en lucha porque te sientes condenado, tomate un tiempo para orar ahora mismo. Si nunca le pediste a Dios perdón por este pecado, pídele perdón ahora. Pero si ya recibiste su perdón, dile que ahora sabes que las palabras de condenación no vienen de Él. Pídele que te libere de esos sentimientos de culpa y que te ayude a oír su voz, y no la voz del enemigo.

> LA VOZ DE DIOS: *"Por lo tanto, ya no hay ninguna condenación para los que están unidos a Cristo Jesús".*
>
> ROMANOS 8:1

Cristo sufrió el castigo por tus pecados de una vez y para siempre en la cruz. Por consiguiente, ahora, cuando Dios te habla, no lo hace con palabras de juicio. Sus palabras pondrán de manifiesto tus faltas para que reconozcas tus pecados, pero esta revelación estará amortiguada por su gracia, su amor y una nueva oportunidad. Las palabras de condenación solo señalan tus problemas para juzgarte y hacerte sentir culpable, pero las palabras de Dios traen sosiego porque te ayudan a ver tu pecado para ofrecerte una solución. Reconocerás la voz de tu Padre celestial por su tono de voz cariñoso.

Para determinar si la voz que oyes es o no es la voz de Dios, siempre ten presente la actitud "paternal" de Dios, como la vemos reflejada en la Escritura. Recuerda que el Nuevo Testamento describe la figura de Alguien que te amó tanto que dio la vida de su único Hijo para que ya no hubiera separación entre tú y Él. Su objetivo fundamental, desde el principio de los tiempos, es lograr una comunión íntima y personal, basada en el amor, entre tú y Él. Si lo que oyes compromete la naturaleza de nuestro Abba Padre, puedes estar seguro de que no se trata de la voz de Dios.

¿Oyes al Padre amoroso llamarte por tu nombre? Acércate y responde, como Samuel: "Habla, Señor, que tu siervo escucha".

¿CÓMO SABES QUE ES LA VOZ DE DIOS?

"*Sé que el Señor me está hablando cuando despierto en medio de la noche y me resulta difícil conciliar nuevamente el sueño. Trato de no cuestionar mi repentino estado de vigilia (si la causa es una señal del Señor o algo que comí antes de acostarme). Simplemente permanezco acostada y hablo con Dios. Le hablo con toda confianza y absoluta franqueza. Le digo cuánto lo amo. Si tengo alguna preocupación, le presento mi petición. Sé que está dispuesto a apaciguar mi espíritu, así que le hablo de todas las cargas que siento en mi mente y en mi corazón. Tengo la seguridad de que sin importar la hora del día o la noche, Dios está tan cerca de mí como mis oraciones*".

BABBIE MASON

Una voz que nos desafía

Mi hijo no le quitaba los ojos de encima a una crisálida colgada de la rama de un arbusto detrás de la casa. Hacía días que observaba el pequeño capullo, y yo trataba de aprovechar la oportunidad para enseñarle algo sobre la naturaleza. Estaba ansioso por ver salir a la polilla nocturna que yo le había dicho que finalmente saldría de allí adentro. Parecía que hoy sería el día. El pequeño capullo se balanceaba y sacudía mientras observábamos la lucha del pequeño insecto para liberarse de su envoltura. Frustrado porque nada ocurría después de varias horas de espera, mi hijo me pidió que ayudara a la polilla a salir del capullo. Intenté lo mejor que pude explicar una lección profunda a un niño de dos años, una lección que el Señor aprovechó y grabó en mi corazón mientras iba hablando. "La polilla tiene que luchar porque solo así alcanzará su máxima fuerza –le expliqué–. Si la polilla sale del capullo antes de tiempo, quedará lisiada por el resto de su vida. Solo si acepta el desafío de esforzarse por salir logrará que sus alas se extiendan y sus patas se fortalezcan."

Puesto que el principal objetivo de nuestro Padre celestial es que logremos desarrollar plenamente nuestro potencial espiritual, a menudo las cosas que nos llama a hacer representarán un desafío para nosotros. Su palabra puede alarmarnos y hasta atemorizarnos, porque sabemos que de ninguna manera podemos cumplir con lo que Él nos pide, confiados en nuestras propias fuerzas. Sin embargo, Dios tiene propósitos más elevados que los nuestros. Cuando seguimos su voluntad en obediencia, su palabra nos ayudará a salir de la zona de comodidad delimitada por nuestras capacidades para lanzarnos al ámbito del poder sobrenatural de Dios. Reconocerás la voz de Dios porque sus planes te desafían.

Un mensaje que nos desafía

Nuestro Padre celestial sabe que es necesario someternos a exigencias para crecer espiritualmente, de modo que cuando Él habla, generalmente sus mensajes me presentan un desafío. Porque sus caminos no son nuestros caminos ni sus pensamientos, nuestros pensamientos (Isa. 55:8), con frecuencia sus mensajes no solo superan mi esquema de pensamiento sino que también exceden mis capacidades naturales. Estos mensajes me inquietan porque sé que no existe ninguna posibilidad de que pueda realizar por mí misma lo que Dios me pide.

Cuando Dios llamó a Jeremías y le pidió que hablara por Él, el joven Jeremías se quejó de que la tarea era demasiado pesada para alguien como él. "¡Ah, ah, Señor Jehová! ¡Yo no sé hablar, porque soy un muchacho!" (Jer. 1:6). Tuvo miedo de aceptar la difícil tarea que Dios le proponía.

Y le dijo Jehová: "No digas: 'Soy un muchacho', porque a todo lo que te envíe irás, y dirás todo lo que te mande. No temas delante de ellos, porque contigo estoy para librarte, dice Jehová" (vv. 7 y 8).

Jeremías aceptó el desafío planteado por Dios, marchó en obediencia, y proclamó las palabras que Dios puso en su boca. Le dijo al pueblo de Judá lo que sucedería exactamente si no se arrepentían de su pecado y se volvían a Dios: los babilonios destruirían Jerusalén y llevarían al pueblo en cautiverio.

Como consecuencia de haber predicado este mensaje, los judíos golpearon a Jeremías y lo pusieron en prisión en varias ocasiones. A pesar de que Jeremías era tímido por naturaleza, Dios le dio valor para seguir adelante en medio de la persecución, y el profeta proclamó los mensajes de Dios por más de cuarenta años.

Aceptar el desafío de Dios me resulta difícil en mi ministerio como oradora. Después de buscar la dirección del Señor y preparar el mensaje, siento que sé lo que la audiencia necesita oír, y viajo hasta el lugar de destino segura del mensaje que habré de dar. Sin embargo, nunca informo con anticipación cuál será el tema. Esto es porque una vez que la conferencia se pone en marcha, con frecuencia el Señor me muestra la necesidad de abordar un tema completamente diferente del que yo había preparado. Horas, a veces minutos, antes de hablar, siento que el Señor me guía en otra dirección a partir de lo que Él está obrando en esa conferencia.

Esto siempre me atemoriza y me coloca en una situación incómoda. Sería mucho más fácil seguir adelante con mi plan y dar la charla que tenía preparada. Pero sé que el poder y la unción de Dios solo acompañarán *su* mensaje, y entonces reconozco que debo desprenderme de mis palabras y dejar que el Señor hable por mi intermedio. Cuando lo hago, Él me da el valor y el poder para proclamar su mensaje.

> LA VOZ DE LOS SANTOS: *"¿Alguna vez oíste al Maestro decir algo que fue duro para ti? Si no es así, dudo de que alguna vez lo hayas oído decir algo".*
>
> OSWALD CHAMBERS

Suele ser tentador hacer lo contrario de lo que Dios nos pide, sencillamente porque ese sería el camino más fácil; pero si optas por lo más fácil nunca te verás ante la exigencia de aprovechar al máximo los recursos divinos. Dios quiere ayudarte a crecer permitiéndote ver lo que Él puede hacer cuando reconoces que tú no puedes. Aunque tomar conciencia de tu propia debilidad te ayudará a ser humilde delante de Dios, no deberías usarlo como excusa para no hacer lo que Dios espera que hagas.

Su fortaleza se manifiesta en nuestra debilidad

A través de las páginas de la Biblia encontramos muchos ejemplos de personas a quienes Dios llamó en lugares insólitos y les pidió que hicieran cosas que superaban por mucho su capacidad o lo que sentían que estaban preparados para hacer. A decir verdad, esto parece ser la característica constante del llamado de Dios según el testimonio de la Escritura. Al oír la voz de Dios:

- Noé construyó un arca
- Abraham dejó su tierra y se dirigió a un país desconocido
- Ester asumió la defensa de su pueblo delante del rey
- Gedeón fue a la batalla sin contar con un ejército adecuado
- Samuel debió transmitir un mensaje muy duro a su guía y consejero

• María aceptó ser la madre del Mesías

Los logros más destacados en la vida de Moisés comenzaron con un desafío que Dios le planteó. En capítulos anteriores recordamos las increíbles cosas que Dios hizo por el avance de su reino cuando Moisés renunció a sus planes y se sumó al plan de Dios. Pero la primera vez que Moisés oyó a Dios hablar de sus planes para él, su primera respuesta no fue: "Sí, Señor. Ningún problema". Se sintió abrumado por lo que Dios le pedía que hiciera. Cuando Dios lo convocó a ser su portavoz, Moisés cuestionó su misión: "¿Y cómo va a hacerme caso el faraón, si yo no tengo facilidad de palabra?" (Ex. 6:30, NVI) Tenía miedo de aceptar la difícil tarea asignada, pero Dios le respondió: "Toma en cuenta que te pongo por Dios ante el faraón" (Ex. 7:1).

¿Pueden imaginar cómo se habrá sentido Moisés cuando oyó que Dios lo haría pasar por Dios delante del faraón? Dicho de otra manera, Dios tenía dispuesto darle herramientas sobrenaturales a Moisés para cumplir la tarea, y de ese modo, el poder del Altísimo se manifestaría a través de él. De la misma manera, cuando estamos dispuestos a aceptar los desafíos de Dios a pesar de nuestras dudas, damos paso a la manifestación del esplendor del Todopoderoso en nosotros.

Si sabes que Dios te está hablando pero la tarea parece demasiado pesada, confía en que el Señor se hará cargo de los detalles. No espera que tú lleves adelante la tarea de acuerdo a tu capacidad. En realidad, solo espera que digas sí y luego, le dejes el camino libre; precisamente a través de tu *incapacidad*, Él revelará su poder.

Cuando miro en retrospectiva el proceso que Dios fue marcando en mi ministerio, veo que cada etapa se construyó a partir de un desafío planteado por Dios. La mayoría de las veces me sentí atemorizada e intimidada por lo que Dios me proponía. Sin embargo, aprendí que el mero hecho de que la situación me plantee algo que sé que soy incapaz de lograr por mí misma es precisamente la señal para que avance, porque así Dios puede manifestarse en mí. Cuando lo busco, Dios siempre se presenta –justo a tiempo– para darme lo que necesito.

En 2 Cor. 12:9, Pablo describe sus sentimientos de ineptitud y de qué manera experimentó el poder sobrenatural de Dios obrando a través de él. Cada vez que sentía que no estaba preparado para aceptar el desafío propuesto por Dios, Él le recordaba que ya le había provisto todo lo necesario. "Y me ha dicho [Dios]: 'Bástate mi gracia, porque mi poder se perfecciona en la debilidad'. Por tanto, de buena gana me gloriaré más bien en mis debilidades, para que repose sobre mí el poder de Cristo."

Una cosa es cierta: Dios provee lo necesario para llegar adonde Él nos guía. Es mejor escoger el camino más difícil si Dios va por ese camino que escoger un camino más fácil o cómodo, pero en el que no contaremos con la presencia y el poder de Dios.

> LA VOZ DE LOS SANTOS: *"Amo a Jesús y he disfrutado mi amistad con Él cerca de treinta y cinco años, pero la tozudez de mi temperamento italiano aún se enfrenta a la perfecta voluntad de Dios para mi vida. Cuánto anhelo llegar a ser consecuente en mis respuestas al Señor y decirle, como Jesús: 'No mi voluntad, Señor, sino la tuya'".*
>
> ELLIE LOFARO

Invariablemente, la voz del enemigo o la voz de tu propio yo te presentarán una alternativa más cómoda y agradable. Suele ser tentador hacer lo contrario de lo que Dios nos pide, sencillamente porque ese sería el camino más fácil. Sin embargo, si optas por lo más fácil nunca te verás ante la exigencia de aprovechar al máximo los recursos divinos. El principal objetivo de Satanás es mantenernos dentro de un cómodo capullo que nos impida crecer y llegar a ser la clase de persona que Dios quiere que seamos. El enemigo jamás te invitará a salir de tu zona de comodidad porque no quiere que experimentes la plenitud del poder de Dios. Tu ego nunca te pedirá que hagas algo que te incomode o que afecte su imagen. Tu Padre, por otra parte, quiere ayudarte a crecer mostrándote lo que Él puede hacer cuando tú reconoces tu incapacidad. Solo cuando caminamos por fe, y confiamos que Él suplirá lo que nosotros no podemos hacer, vemos desplegarse toda su gloria y majestad.

Cuando Henry Blackaby, autor de *Experiencing God* (Mi experiencia con Dios), era estudiante en el seminario, su iglesia le pidió que dirigiera el área de música y educación. Nunca había cantado en un coro ni dirigido música y, por lo tanto, no se sentía capacitado para asumir esta responsabilidad. Sin embargo, en su búsqueda por conocer la voluntad de Dios se dio cuenta de que el Señor lo guiaba a aceptar. A pesar de su falta de experiencia, obedeció con diligencia. Cumplió exitosamente la tarea durante dos años y luego, la iglesia le pidió que fuera su pastor. Tampoco tenía mucha experiencia como predicador, pero aceptó. Hoy se cuentan por millones las personas bendecidas por su ministerio y sus libros, y todo fue posible porque respondió en obediencia al plan que Dios tenía para su vida.

¿Te has sentido tentado en ocasiones a apartarte de lo que sabes que Dios te está pidiendo que hagas porque te parece demasiado difícil? Dios está esperando que te incorpores a su voluntad para hacer cosas maravillosas a través de ti. *La mayoría de las veces te sentirás tentado a hacer lo contrario de lo que Él te pide porque eso te resultaría mucho más fácil.* Sin embargo, la posibilidad de distinguir la voz de Dios entre todas las demás con frecuencia está determinada por nuestra decisión de optar por aquello que pondrá de manifiesto el poder de Dios.

LA VOZ DE LOS SANTOS: *"Una de las maneras de reconocer la voz de Dios es que produce tal contento que nos lleva a confiar en Él para algo nuevo en nosotros, en nuestros seres queridos y en nuestro ministerio. Confiamos en Él a un nivel más profundo; para crecer más, para aprovecharlo mejor. Y siempre avanzando en la fe".*

PETER LORD

El camino angosto

Cuando surgió en mí el deseo de oír la voz de Dios con claridad, me di cuenta de que a menudo mis dudas respecto de poder oír lo que Él decía se debían a que temía enfrentar el desafío que su llamado podría implicar. No quería que me enviara a hacer lo que yo no quería hacer. ¿Y si me pedía que reuniera a mi familia y fuera como misionera a algún lugar remoto? ¿Y si era su voluntad que siguiera trabajando en algo que detesto o me pedía que no me casara? Supongo que todos se habrán hecho preguntas como estas en algún momento.

No debemos confundir comprender la voluntad de Dios con estar de acuerdo con su voluntad. No siempre aceptaremos de inmediato todo aquello que Dios permite que entendamos. Dios tuvo que recordarme que *Él es amor y Él es bueno.* No se trata simplemente de rasgos de su personalidad; son la esencia de su persona. Esta afirmación me da la certeza de que solo me pedirá que haga lo que es mejor para mí y que, a pesar de que no siempre estaré de acuerdo desde un principio, puedo confiar en el plan que tiene para mí. Y tú puedes confiar en el plan que tiene para ti. Dios quiere manifestar su poder a través de ti y te animará a hacer cosas que requieren que confíes y tengas fe en la obra que Él llevará a cabo en ti. La voz del enemigo te dirá: "No tienes lo necesario. No eres capaz. No puedes". La voz del Espíritu dice: "Tengo lo necesario. Soy capaz. ¡Puedo hacerlo!"

Decide hoy que no temerás oír el desafío de la voz de Dios ni conocer los planes que tiene para ti. Por el contrario, prepárate a obedecer y marchar en pos de la vida plena a la que Él te llama.

¿CÓMO SABES QUE ES LA VOZ DE DIOS?

"Sé que es el Señor quien me habla cuando la voz que oigo me desafía permanentemente, me convence de pecado y nunca permite que me sienta cómodo en mi situación. Al no tener a mi padre, considero un gran honor contar con un Padre que me ama tanto que su mayor deseo es verme crecer."

KIRK FRANKLIN

QUINTA : PARTE

Cómo responder a la voz de Dios

"Por tanto, todo el que me oye estas palabras y las pone en práctica es como un hombre prudente que construyó su casa sobre la roca. Cayeron las lluvias, crecieron los ríos, y soplaron los vientos y azotaron aquella casa; con todo, la casa no se derrumbó porque estaba cimentada sobre la roca."

MATEO 7:24-25 (NVI)

Cayeron las lluvias, crecieron los ríos, y soplaron los vientos… La vida está llena de incertidumbre, de días buenos y malos, de alegrías y tristezas, de avances y desventuras, pero una cosa permanece inalterable: Dios es Dios. Él es nuestra roca y nuestro cimiento inconmovible. Jamás cambiará. Es el Señor del universo, el principio y el fin, el Creador de todo lo que es y lo que ha de ser. Somos su creación y nos ama. Desde el principio de los tiempos Él ha tenido un plan para nuestra vida, un plan eterno para que se cumpla su voluntad en el mundo. Quiere que lo conozcamos para poder servirlo.

Cuando lo oímos hablar, descubrimos sus atributos por el sonido de su voz. Aun cuando decide hablar como un silbo apacible, nos habla de todos modos. Pero Dios no habla solamente para que lo escuchemos. *Habla para que lo obedezcamos.* Su mensaje es el mismo hoy y a través de las edades: "Hagan lo que él les ordene" (Juan 2:5, NVI).

Construye tu casa sobre la roca.

La voz de los santos:

"Dios decidió no revelarnos todas las cosas, pero nos reveló algunas que sabemos con absoluta certeza. El Señor quiere que siempre recordemos que Él es Dios. Quiere que nos entreguemos; quiere que confiemos. Quiere que lo obedezcamos, tal como lo hizo Jesús".

LOIS EVANS

La respuesta en obediencia

"¡Sígueme!"

Hemet es una pequeña ciudad de California que en algún momento fue conocida por las pandillas, la violencia y el auge del comercio de drogas. La actividad de las pandillas estaba tan arraigada en la sociedad que no era extraño ver hasta tres generaciones de una misma familia en una de las bandas más grandes: la pandilla de la Calle Uno. La violencia era tan difícil de controlar que los oficiales de policía no ingresaban a determinadas áreas sin respaldo. Funcionaban en la ciudad nueve laboratorios de metanfetaminas que abastecían a más de un millón de personas anualmente.

La religión predominante era la Cienciología (*Scientology*), y en el centro de la ciudad había un centro de meditación con una fuerte presencia de la corriente de la Nueva Era. En las comunidades cristianas reinaba un espíritu competitivo, particularmente entre los pastores. Hemet era el último lugar adonde un pastor deseaba ir a servir; se la llegó a conocer como el cementerio de los pastores.

Cuando los Becket recibieron el llamado de Dios a servir en Hemet, no querían ir. Al llegar, ni siquiera desempacaron con la esperanza de que Dios les permitiera irse en poco tiempo. Sin embargo, cuando Dios les confirmó que ese era su llamado, se dieron cuenta de que la única respuesta posible era aceptar en obediencia. Como prueba de su compromiso, los Becket compraron una parcela en el cementerio; fue su manera de decir: "Salvo que Dios disponga lo contrario, aquí moriremos".

En los años transcurridos desde que los Becket se comprometieron a obedecer a Dios sin reservas, Hemet vivió una profunda transformación. La pandilla de la Calle Uno se desintegró y sus integrantes fueron salvos. El comercio de drogas disminuyó un 75%. El centro de meditación Nueva Era fue destruido como consecuencia de un incendio, un incendio que no dañó ningún otro edificio excepto el propio centro. La membresía del culto Cienciología disminuyó a menos del 0,3% de la población. Las escuelas de la ciudad que eran el hazmerreír de California, ahora tienen los puntajes más altos y los más bajos índices de deserción escolar. Las iglesias y los pastores dejaron de competir, y trabajan juntos por la construcción del reino de Dios.

¡Y todo esto fue posible gracias a un compromiso inquebrantable!

Los Becket no se aseguraron otra salida ni prepararon un plan alternativo entre bastidores; se sometieron por entero al plan de Dios, y lo increíble sucedió.

Dios no habla solo para que lo escuchemos; habla para que lo obedezcamos. La obediencia es el Alfa y la Omega de discernir la voz de Dios porque, además de mantener abiertas las puertas de comunicación entre tú y Dios, es la única respuesta adecuada cuando Él habla. Tu disposición a obedecer da comienzo al proceso de comunicación y, seguidamente, tu obediencia concreta prepara las bases para que Dios obre de manera increíble en y a través de tu vida.

Cuando Dios te habla, te pide que asumas un compromiso. Quiere que te comprometas a obedecerlo de inmediato y de manera incondicional. En tu búsqueda por llegar a discernir la voz de Dios, ¿estás dispuesto a aceptar esta clase de compromiso? Si no lo estás, es posible que Dios decida no hablarte. Según Juan 7:17 solo aquel que está dispuesto a cumplir la voluntad de Dios puede esperar que el Padre se la revele.

> LA VOZ DE LOS SANTOS: *"Su dirección está asegurada solo para aquellos que se han comprometido a hacer lo que Él decide. A ellos se les puede decir: 'La voz de Dios es lo bastante potente como para que un alma dispuesta pueda oírlo'".*
>
> LEWIS SPERRY CHAFER

Un compromiso incondicional

Dios llamó a Abraham "amigo" (Sant. 2:23) no porque escuchó su voz sino porque se comprometió a obedecerlo sin condiciones. Uno de los actos de obediencia más tremendos de Abraham fue cuando Dios le dio instrucciones sumamente extrañas: "Toma ahora a tu hijo, tu único, Isaac, a quien amas, vete a tierra de Moriah y ofrécelo allí en holocausto sobre uno de los montes que yo te diré" (Gén. 22:2).

La orden de Dios debió de haber desconcertado por completo a Abraham, no solo porque amaba a Isaac sino también porque Dios le había prometido que haría una gran nación con su descendencia. Dios le pidió a Abraham que hiciera algo que sonaba irracional, o peor aún, que parecía contradecir lo que Él mismo había dicho. Sin embargo, Abraham decidió obedecer, y el resultado fue que pudo ver la acción y el poder sobrenatural de Dios en su vida.

No sé qué piensas tú, pero yo quiero ver la acción y el poder sobrenatural de Dios también en mi vida. No quiero tener que limitarme a escuchar cómo se manifiesta en la vida de otros mientras yo observo de lejos. Quiero tener esa vivencia. Una y otra vez la Escritura nos recuerda que la condición para experimentar la presencia de Dios es obedecerlo. Debemos hacer de la obediencia un hábito.

LA VOZ DE LOS SANTOS: *"Un requisito fundamental para oír a Dios con claridad es tener una relación franca y vertical con el Señor y aceptar en obediencia su plan para nuestra vida. Si hay pecados inconfesos o una desobediencia reiterada en nuestra vida, parecerá que 'el cielo está cerrado' sobre nuestra cabeza, y la comunicación con el Señor interrumpida. Dios no puede acercarse al mismo tiempo que nosotros nos alejamos de Él por nuestra desobediencia. Con un 'cielo abierto' y nuestra voluntad sometida a la suya, podremos escuchar la voz de Dios en nuestro corazón con absoluta claridad".*

JIM CYMBALA

Hace algunos años el Señor me bendijo con una adorable amiga, Mary Elaine. Atesoro su amistad por el impacto que tuvo en mi vida espiritual. Es una mujer que ve la mano de Dios en su vida cotidiana. En reiteradas oportunidades he observado cómo el Señor se manifestaba milagrosamente para proveer a su familia, tanto en cosas grandes como pequeñas. Recuerdo, por ejemplo, cuando inesperadamente y a último momento recibió el dinero de una beca que le permitió enviar a su hijo disléxico a una escuela privada. Este es solo un ejemplo, pero Mary Elaine tiene muchas historias de las manifestaciones de Dios en su vida.

Un día, mientras almorzábamos juntas, hablamos sobre la razón por la que algunos creyentes como ella parecen experimentar el poder sobrenatural de Dios con más frecuencia que otros. A mí me intrigaba la razón por la que tantos cristianos vivían toda una vida sin llegar a ver la obra maravillosa de Dios.

Mary Elaine respondió: "Creo que la intervención sobrenatural de Dios se hace evidente en mi vida porque decidí que la única respuesta adecuada para Dios es la obediencia absoluta. Acepté el compromiso de seguir sus instrucciones sin importar lo absurdas que puedan parecerme".

Esa respuesta de obediencia absoluta a lo que Dios le indica hacer, le permite a Él hacer cosas increíbles en su vida y en la vida de todos los que responden como ella.

¿Estás dispuesto a responder a Dios en completa obediencia, sin importar lo extrañas o absurdas que puedan parecerte sus instrucciones? Muchas veces estamos deseosos de obedecer a Dios, pero también queremos tener un plan alternativo, por las dudas…

> LA VOZ DE DIOS: *"Su madre dijo a los sirvientes: 'Hagan lo que él les ordene'".*
>
> JUAN 2:5 (NVI)

En 1518, Hernán Cortés convenció al gobernador español de Cuba de que entregase bajo su mando una expedición de once navíos y seiscientos hombres para establecer una colonia en México. Después de un largo viaje plagado de penurias, llegaron a destino. Cortés sabía que sus hombres querían regresar a Cuba, y para impedirlo, hizo algo descabellado: quemó las naves. Estaba tan comprometido con la tarea que tenía por delante que clausuró todas las vías de escape.

Esta es la clase de obediencia que Dios espera de nosotros. Quiere que quememos las naves y clausuremos toda vía de escape. Nos pide que nos entreguemos de todo corazón a hacer lo que Él necesita que hagamos. Esto exige fe y confianza radicales en Dios.

La Escritura describe a los creyentes que siempre tienen un plan de fuga como personas "de doble ánimo" (Sant. 4:8). Aquel creyente que desea oír la voz de Dios pero tiene un "plan B" en el bolsillo no debe "esperar recibir nada del Señor", y esto incluye su guía y dirección. Él conoce tu corazón y sabe perfectamente si has decidido obedecerlo o no, sin importar cuáles sean sus instrucciones. Si no te comprometes a obedecerlo cabalmente y de manera inmediata, es posible que decida no hablarte.

Si no oyes la voz de Dios, pídele al Señor que te muestre si la causa es tu doble ánimo. Dios quiere que nos entreguemos de todo corazón a hacer lo que Él nos pide que hagamos. Si decides obedecer, tu obediencia debe ir acompañada de tu compromiso.

Cuando Abraham salió rumbo a Moriah a cumplir la difícil tarea encomendada por Yahvéh, no llevó un animal para el sacrificio por si acaso podía reemplazar a Isaac a último momento. Durante las 72 horas que se tardaba en completar el trayecto tuvo tiempo sobrado para cambiar de parecer, pero su compromiso de obediencia al Señor era absoluto e inquebrantable.

> LA VOZ DE DIOS: *"El Señor omnipotente me ha abierto los oídos, y no he sido rebelde ni me he vuelto atrás. ... Por eso endurecí mi rostro como el pedernal, y sé que no seré avergonzado".*
>
> ISAÍAS 50:5,7 (NVI)

Un compromiso inmediato

Abraham no solo obedeció sino que obedeció sin demora. Por cierto, cada vez que Dios le dio instrucciones, obedeció de inmediato. Veamos su historial:

- Dios le dijo que dejara su tierra y Abraham partió (Gén. 12:1,4)
- Dios le dijo exactamente qué clase de sacrificio debía ofrecer y Abraham hizo todo lo que Dios le había pedido (Gén. 15:9-10)
- Dios le dio instrucciones para circuncidar a todos los varones de su casa y Abraham lo hizo ese mismo día (Gén. 17:23)
- Dios le dijo que sacrificara a su hijo y Abraham se levantó temprano a la mañana siguiente para cumplir con la tarea encomendada (Gén. 22)

Abraham no era perfecto, pero reconocía la importancia de cumplir sin demora lo que Dios le pedía que hiciera.

LA VOZ DE DIOS: *"Me doy prisa, no tardo nada para cumplir
tus mandamientos"*.

SALMO 119:60

A diferencia de Abraham, creo que yo hubiera esperado al menos un par
de días antes de sacrificar a mi hijo, para asegurarme de que había oído correctamente. Cuando el Señor me da instrucciones que preferiría no tener que
cumplir, o que tengo miedo de llevar a cabo, lo último que hago es levantar-
me temprano para cumplir con su pedido. Postergo la tarea que debo realizar.
Muchas veces me encuentro pensando en lo que debo hacer, orando, consul-
tando con mis amigos y hasta intentando ignorarlo. Cuando las instrucciones
de Dios son difíciles, y a menudo lo son, generalmente soy lenta para obedecer.

Sin embargo, cuando Dios le pidió que hiciera algo impensable, Abraham
de inmediato subió al monte. Y porque obedeció inmediatamente, experimentó la intervención divina. Siempre me he preguntado: *¿Habría estado ese carne-
ro enredado en aquel matorral si Abraham hubiese esperado un día, una semana o
un mes para hacer lo que Dios le había pedido?* Solo Dios lo sabe. Lo que sí sabemos es que debido a que Abraham obedeció de inmediato, la liberación de Dios
lo aguardaba en la cima del monte. Experimentó la presencia sobrenatural de
Dios porque obedeció sin titubear.

LA VOZ DE LOS SANTOS: *"Lo peor que puedes hacer
—la manera más rápida de volverte insensible— es ignorar una
impresión. De modo que debes proponerte escuchar al Señor a
fin de responder a lo que Él te diga, y no debes permitirte oír sin
responder"*.

PETER LORD

Hace algunos años había tomado la decisión de regresar al seminario teo-
lógico de Dallas para obtener un doctorado. Lo había pensado bastante y había
invertido mucho tiempo en el tedioso y largo proceso de inscripción. Pasé varias
horas asegurándome de que había llenado correctamente cada formulario antes
de ensobrar todo y dirigirme en automóvil hasta el seminario. Nunca olvidaré la
emoción al pensar que pronto estaría nuevamente en la universidad.

Sin embargo, mientras conducía rumbo al seminario para entregar la soli-
citud, el Espíritu Santo me habló directo al corazón: *En ningún momento dije que*

quería que regresaras a la universidad; tú quieres volver al seminario, pero yo tengo otros planes para ti.

La impresión que recibí fue tan contundente que supe que Dios me estaba hablando. Por un instante pensé que debía seguir adelante con mi plan, entregar los papeles y, al regresar a casa, conversar con mi esposo. Enseguida recordé el principio de obediencia inmediata, así que tomé la primera salida de la autopista y regresé derecho a casa. A las pocas semanas, Dios comenzó a entretejer una red de acontecimientos que finalmente me condujeron al ministerio en el que mi esposo y yo estamos ahora comprometidos.

En todos estos años, jamás he sentido deseos de volver al seminario para obtener el doctorado. Dios me libró por completo de aquel deseo y lo sustituyó por el deseo de llevar adelante un ministerio y construir una familia. En aquel momento no sabía qué planes tenía Dios para mí, pero Él sí lo sabía, y vaya si valió la pena obedecerlo sin titubeos.

¿Qué podría hacer el Señor en ti y por tu intermedio si respondieras de inmediato a lo que Él te pide que hagas?

Una tarde estaba pensando en la nueva oficina que el Señor había provisto para nuestro ministerio. Le agradecí sus bondades para con nosotros; Él había intervenido de manera sobrenatural para proveer una propiedad, y estábamos muy agradecidos. Sin embargo, no teníamos dinero para comprar escritorios, sillas y otros muebles que necesitábamos para equipar el lugar. Alrededor de las dos de la tarde, le pregunté al Señor si Él supliría nuestras necesidades. Esa noche nos llamó una amiga de la iglesia con increíbles noticias. Una mujer que ella conocía había ofrecido donar un depósito ¡lleno de muebles de oficina! En una conversación posterior con esta mujer, a quien nunca antes había visto, supe que ella había estado de pie en el depósito a las dos de la tarde mirando todos esos muebles y preguntándose qué hacer con ellos. Se le ocurrió venderlos, pero el Señor la impulsó a regalarlos. A pesar de que los muebles eran valiosos y no le gustaba la idea de regalarlos, tuvo la certeza de que Dios le estaba hablando y respondió en obediencia, en forma inmediata y sin retaceos. Gracias a su generosidad amueblamos toda la oficina, de punta a punta. Su obediencia extrema a Dios me dio mucho más que los muebles para un ministerio, me dio un deseo renovado de responderle sin reservas al Señor al haber comprobado cómo la obediencia bendice a otras personas en nuestra vida.

¿Por qué batallamos contra la dirección de Aquel que sabe exactamente adónde debemos ir y cómo podemos llegar? A menudo es porque creemos que sabemos más que Él. No estamos dispuestos a soltar las riendas, y luchamos y tironeamos y peleamos para seguir nuestro propio camino. Si queremos ver a Dios obrar en nuestra vida, debemos asumir el compromiso de obedecerlo sin condiciones –sin demoras ni titubeos–, recordando que nuestra decisión puede afectar a muchas otras personas.

LA VOZ DE LOS SANTOS: *"Sé que Dios me está hablando cuando a pesar de mi lucha inicial, experimento una paz y una liberación auténticas después de obedecer su voz. Cuando finalmente hago lo que Él me ha estado impulsando a hacer, ya sea que acepte desprenderme de algo o de alguien o que avance hacia algo desconocido, una paz profunda inunda mi alma. Y en mi mente y mi corazón, donde solo había una terrible angustia, ahora experimento una paz sobrenatural".*

KATHY TROCOLLI

Después de haber leído este libro y de tratar de seguir sus enseñanzas, espero que te sientas mejor preparado para oír y discernir lo que Dios te está diciendo. Si has comenzado a reconocer en tu interior las impresiones del Espíritu Santo en tu conciencia y a buscar la confirmación a través de la Escritura, estoy segura de que estás oyendo la voz de Dios. ¿Qué crees que el Señor te pide que hagas hoy? ¿Qué piensas hacer al respecto?

Mi amiga, mi amigo, cuando oigas la voz de Dios diciéndote: "Sígueme", te animo a que respondas afirmativamente a su llamado. ¡Toma hoy mismo la decisión de obedecerlo! Te aseguro que el resultado será glorioso.

¿CÓMO SABES QUE ES LA VOZ DE DIOS?

"Sé que el Señor me habla cada vez que leo la Palabra o escucho a otra persona leerla. Como dijo San Agustín: 'Cuando la Biblia habla, ¡Dios habla!' Cuando escucho la predicación de la Palabra, el predicador no es más que un instrumento a través del cual Dios quiere llegar a mi corazón. Cuando abro la Biblia y me dispongo a leer, Dios me habla. La pregunta que la mayoría de nosotros debemos hacernos no es: '¿Me habla Dios a mí?', sino: '¿Estoy escuchando lo que Dios me dice? ¿Estoy respondiéndole?'."

NANCY LEIGH DEMOSS

El sonido de su voz

"No adores a otros dioses, porque el Señor es muy celoso. Su

nombre es Dios celoso."

Éxodo 34:14 (NVI)

Sentadas en la sala de mi casa, conversábamos con una amiga sobre *Cómo discernir la voz de Dios*. Me preguntó qué había aprendido como resultado de tanta búsqueda y estudio, y mi respuesta fue: "Aprendí que discernir la voz de Dios es mucho más sencillo de lo que había supuesto inicialmente". *Tiene que ver con la relación*. Cuanto más íntima sea nuestra relación con Dios, tanto más perceptible será su voz.

Para describir la clase de cercanía que el Señor quiere tener con nosotros, la Escritura compara su relación con nosotros con la del pastor y sus ovejas. Para el creyente moderno esta analogía no tiene la misma resonancia que la que tuvo para los santos de los tiempos bíblicos. Nuestra falta de conocimiento sobre los pastores de la antigüedad y sus rebaños hace que perdamos de vista la verdad fundamental que Jesús enseñó.

No deja de asombrarme la sencillez de las comparaciones que Jesús usó para describir la comunicación entre Dios y su pueblo: "Mis ovejas oyen mi voz y yo las conozco, y me siguen" (Juan 10:27). Una explicación clara y sencilla.

En tiempos de Jesús, la comunicación entre un pastor y sus ovejas estaba dada por la relación estrecha que tuvieran. Las ovejas llegaban a conocer a su pastor y aprendían a distinguir su voz de las demás voces, y practicaban cómo responder a su llamado. Los corderos pequeños no reconocían la voz del pastor con la misma facilidad que los animales adultos; era una habilidad que adquirían con el tiempo. Al cabo de algún tiempo, la relación estaba tan afianzada que cuando el pastor las llamaba, sabían exactamente qué les estaba diciendo y lo seguían.

Uno de los grandes descubrimientos en mi vida cristiana fue darme cuenta de que *puedo discernir la voz de Dios*. Dejé de pensar que oír la voz de Dios es algo que otros pueden hacer pero yo no. Aprender que puedo discernir la voz de Dios me colmó de un sentimiento de expectación que nunca antes había conocido. Mi vida se ha convertido en una gloriosa aventura que me pone en contacto con lo sobrenatural y hace que día a día espere expectante oír la voz de Dios.

¿Que si cometo errores? ¡Pues sin duda me equivoco! Pero eso me permite madurar espiritualmente, porque sé que debo ejercitarme en escuchar lo que dice y obedecer sus instrucciones. Aprendí muchísimo sobre discernir la voz de Dios a partir de los errores que cometí en mis intentos por llegar a discernir su voz correctamente. Dios, por su gracia, nos concede el deseo de obedecerlo que hay en nuestro corazón aun cuando estemos algo equivocados.

No es posible separar la capacidad de discernir la voz de Dios de nuestra relación con Él. Una vez que pasamos a formar parte de su rebaño y lo vamos conociendo, crece nuestra relación de intimidad con Él. Con el tiempo, llegamos a conocerlo tan bien que sabemos si es Él, simplemente al preguntarnos: "Esto que oigo, ¿suena como la voz de Dios?" Si suena como su voz, tendrá las características que describimos en este libro.

La voz de Dios resuena en nuestro interior porque habla un lenguaje que nosotros, por el poder del Espíritu Santo, podemos comprender. Es un dialecto personal diseñado para revelarnos su naturaleza a fin de que podamos conocer su voluntad, desear que se cumpla y tener el poder necesario para llevarla a cabo. Este es el aspecto esencial de discernir la voluntad de Dios.

Para alguien que no ha nacido del Espíritu es imposible oír la voz de Dios. No alcanza con pertenecer al rebaño; debes ser una de sus ovejas. Debes tener una relación personal con Él antes de poder discernir su voz. La inteligencia y sabiduría humanas no pueden ayudar a un alma no redimida a discernir la voz de Dios; debe ser obra del Espíritu. Al nacer en una familia humana recibimos oídos físicos, pero cuando nacemos a la familia de Dios recibimos oídos espirituales, es decir, el instrumento espiritual necesario para oír las cosas espirituales.

¿Reconoces que Jesús es tu pastor? ¿Tienes tu fe puesta en Jesucristo y solo en Él? Si aún no lo has hecho, recuerda que Dios anhela establecer una relación contigo para poder hablarte. Oye su voz; te está llamando ahora mismo. ¿Puedes oírlo?

Sobre la autora

Priscilla Shirer está dedicada a la enseñanza de la Biblia. Obtuvo una licenciatura en comunicaciones en la Universidad de Houston, y posteriormente estudió en «Dallas Theological Seminary» donde obtuvo una maestría en Biblia.

Desde hace más de diez años Priscilla ha dado conferencias invitada por importantes sociedades, organizaciones y audiencias cristianas a lo largo y ancho de los Estados Unidos de América y también en el exterior. En la actualidad, la autora se ha volcado por completo al ministerio de la enseñanza de la Palabra de Dios a las mujeres. Su aspiración es que las mujeres no solo alcancen un conocimiento intelectual de las inconmovibles verdades de la Escritura sino que también logren hacerlas realidad en su vida mediante el poder del Espíritu Santo.

Priscilla es autora de los siguientes títulos *Una Joya en su corona, Diario de Una joya en su corona, Cambia mi corazón: Encuentros con un Dios que transforma,* y *He Speaks to Me: Preparing to Hear the Voice of God* [Él me habla: Cómo prepararnos para oír la voz de Dios]. Priscilla Shirer es hija del Dr. Tony Evans, pastor, orador y renombrado autor cristiano. Está casada con Jerry, su mejor amigo, y la pareja vive en Dallas, Texas, con sus dos hijos, Jackson y Jerry Jr.

Amigos, ¿cómo pueden estar seguros de que Dios les habla? Le formulé esta misma pregunta a muchos santos y ahora me gustaría recibir la respuesta de los lectores. Pueden comunicarse conmigo a través de:

Going Beyond Ministries
P.O. Box 2122
Cedar Hill, Texas 75106-2122
www.goingbeyond.com or *www.priscillaspeaks.com*